de la 6e à la 5e ou de la 4e à la 3^e^

Passeport

Allemand

Sylvia GEHLERT

HACHETTE
Éducation

Mode d'emploi

Les 18 séquences de révision

Les exercices proposés sur l'ensemble des 18 séquences de ce PASSEPORT ont été spécialement conçus pour te faire réviser les **notions fondamentales du programme.** Ils se répartissent, à l'intérieur de chaque séquence, de la façon suivante :

– Les exercices de la rubrique ***Compréhension*** portent sur le document d'ouverture de la séquence (photo légendée, extrait de bande dessinée, court récit, dialogue…). Tu ne les effectueras qu'après avoir bien pris connaissance de ce document (lis attentivement le texte et observe l'illustration). Ils te permettront de vérifier que tu en as bien saisi le sens et que tu es capable de réemployer correctement le vocabulaire qui s'y rattache.

– Le(s) premier(s) exercice(s) de la rubrique ***Grammaire et expression*** porte(nt) sur les notions grammaticales rappelées dans la « boîte à outils », en bas de page. N'hésite pas à la consulter, si tu te sens peu sûr(e) de toi. Les exercices suivants, plus ludiques, te permettront d'améliorer ton expression écrite en te faisant réutiliser le vocabulaire et les points de grammaire abordés dans la séquence.

Les **CORRIGÉS COMPLETS** de ces exercices sont regroupés au centre de l'ouvrage, dans un cahier détachable de huit pages.

Attention ! tu trouveras la traduction de tous les mots de ton PASSEPORT (à l'exclusion du vocabulaire élémentaire) dans le **MINI-DICTIONNAIRE** situé en fin d'ouvrage. N'hésite pas à le consulter chaque fois que tu rencontreras un mot inconnu.

L'**AIDE-MÉMOIRE**, situé en fin d'ouvrage, contient des tableaux de conjugaison, des listes de verbes irréguliers, des compléments grammaticaux… dont tu peux avoir besoin à tout moment.

Les doubles pages COCHER C'EST GAGNER !

Ces doubles pages proposent, pour chacune des quatre (ou cinq) séquences qui les précèdent, une série de quatre (ou cinq) questions tests. Tu peux les utiliser de deux façons :

– à l'issue d'une séquence, pour faire le bilan de ce que tu as retenu ;

– avant d'entamer ton PASSEPORT, pour repérer tes points faibles et savoir quelles séquences travailler en priorité.

COUVERTURE

Conception graphique : Laurent Carré

Photographie : © GraphicObsession / DIGITAL VISION

INTÉRIEUR

Conception graphique : Marie-Astrid Bailly-Maître

Réalisation PAO : Maogani

Illustrations : MAN

Crédits photographiques :

P. 4 : cartographie Hachette – P. 5 (de gauche à droite) : © J.-Ch. Pratt D. Pries, DIAF ; © Ifa Bilderteam, DIAF ; © D. Ball, DIAF ; © Zefa-Haenel – P. 7 : (figurines en pain d'épice de Nuremberg) © Frieder Blickle Bilderberg, Studio X – P. 13 : (cygne sauvage) © Ph. Henri, Bios ; (Huîtrier-pie) © A. Leclerc, Bios ; (mer de sable) © G. Schultz, Bios – P. 17 : © T. Raupach, Visum, Cosmos – P. 20 : © Zefa-Mollenhauer – P. 23 : (reliquaire en bronze) © Raphaël Gaillarde, Gamma ; (bateau viking du IXe siècle) © Werner Forman Archive, Viking Ship Museum (Bigdoy) – P. 25 : (gauche) © W. Forman, AKG ; (droite) © R. Gaillarde, Gamma – P. 33 : (falaises de la Baltique) © Zefa-Bloemendal – P. 34 : (haut gauche, droite) © Office du tourisme de Damp ; (bas gauche) © E. Hartmann, Magnum – P. 40 : © Ifa Bilderteam, DIAF – P. 43 : (musée de Föhr) © Zefa-Haenel – P. 53 : cartographie Hachette.

ISBN : 978-2-01-169615-1

SOMMAIRE

+ UN CAHIER CENTRAL DÉTACHABLE DE 8 PAGES REGROUPANT TOUS LES CORRIGÉS DES EXERCICES

1 LE GENRE DES NOMS

NORDDEUTSCHLAND

Was du hier siehst, ist eine Karte von Norddeutschland. Einige Städte auf der Karte kennst du vielleicht: Berlin, Hannover, Bremen, Hamburg.
Wenn man von Berlin nach Osten fährt, kommt man nach Polen. Wenn man von Bremen nach Westen fährt, kommt man in die Niederlande. Wenn man von Hamburg nach Norden fährt, kommt man nach Dänemark.

Compréhension

1 L'Allemagne du Nord a trois pays voisins. Repère-les sur la carte et note leur nom.

a. Im Osten liegt . . . .

b. Im Westen liegen . . . .

c. Im Norden liegt . . . .

2 Tout au nord, entre l'Elbe et le Danemark, se trouve une région bordée par deux mers.

a. Quel est son nom ? . . . .

b. Comment s'appellent les deux mers ?

. . . .

c. Quel est le nom du canal qui les relie ?

. . . .

Grammaire et expression

3 **Dans ton mini-dictionnaire (pp. 54-55), recherche le genre des noms communs suivants et note l'article défini correspondant.**

Ex. *der Koffer.*

a. . . . . Fotoapparat

b. . . . . Sonnenbrille

c. . . . . Buch

d. . . . . Fahrkarte

e. . . . . Zug

f. . . . . Fähre

g. . . . . Insel

Le sais-tu ?

La République fédérale d'Allemagne (Bundesrepublik Deutschland) *est un état fédéral qui se compose de 16 régions* (Bundesländer), *plus ou moins grandes. Le Schleswig-Holstein, situé au nord de l'Allemagne, est une de ces régions. La ville de Berlin est non seulement la capitale de la RFA, mais aussi une région. Pour plus d'informations sur la RFA, reporte-toi page 53.*

4 **Voici quatre photographies qui illustrent chacune une ville allemande. Repère le genre de chaque nom et note-le dans les parenthèses : masculin (m.), neutre (n.), féminin (f.).**

Der Hamburger Hafen (. . . .)

Das Brandenburger Tor in Berlin (. . . .)

Der Marktplatz in Bremen (. . . .)

Die Altstadt von Lübeck (. . . .)

LA BOÎTE À OUTILS

➜ En allemand, il y a trois genres : le masculin, le neutre et le féminin.
Quand le nom est au nominatif (cas du sujet) et précédé de l'article défini, on reconnaît son genre aisément : *der Hafen* (m.), *das Tor* (n.), *die Stadt* (f.).
Quand le nom est précédé, au nominatif, de l'article indéfini, on reconnaît le féminin à la terminaison *-e* : *eine Segelregatta*. En revanche, pour distinguer un masculin d'un neutre, il faut un adjectif épithète, car c'est lui qui porte la marque du genre : *ein junger Seehund* (m.), *ein altes Rathaus* (n.).

➜ Apprends chaque nom avec son article défini, c'est lui qui indique son genre.

➜ N'oublie pas qu'en allemand, tous les noms communs s'écrivent avec une majuscule ; et souviens-toi : le genre d'un nom commun français ne correspond pas forcément à celui d'un nom commun allemand : le soleil → *die Sonne* / la pluie → *der Regen*.

2

LES VERBES À PRÉVERBE SÉPARABLE

KÖLN HAUPTBAHNHOF

Stefan Krings part de Cologne animer une rencontre entre jeunes Français et Allemands sur l'île de Föhr, en mer du Nord.

– Guten Tag! Ich möchte nach Wyk auf Föhr.
– Und wann wollen Sie fahren?
– Nächsten Freitag. So zwischen neun und zehn.
– Zehn nach zehn. Geht das?
– Sehr gut. Und wann bin ich dann in Wyk?
– Also, Sie fahren hier um zehn Uhr zehn ab, dann sind Sie um sechzehn Uhr fünfzig in Niebüll.
– Muss ich in Hamburg umsteigen?
– Nein, aber in Niebüll. Von dort fahren Sie nach Dagebüll und von dort mit der Fähre nach Wyk. Um achtzehn Uhr dreißig kommen Sie in Wyk an.

Compréhension

1 Vrai ou faux ?
Entoure la bonne réponse.

a. Stefan will heute fahren.

V **F**

b. Er muss in Hamburg umsteigen.

V **F**

c. Der Zug kommt um 16 Uhr 50 in Niebüll an.

V **F**

d. Die Fähre von Dagebüll nach Wyk fährt um 18 Uhr 30 ab.

V **F**

2 Relie dans l'ordre les villes par lesquelles Stefan doit passer.

Köln ●	● Hamburg
Berlin ●	● Niebüll
Kiel ●	● Bonn
Dagebüll ●	● Wyk

Grammaire et expression

3 À partir des horaires de départ et d'arrivée du train, écris des phrases complètes en notant les heures et les minutes en toutes lettres.
Pour réviser les nombres, consulte l'aide-mémoire.

Ex. *(**ab**) Nürnberg 5.33 → Der Zug fährt um fünf Uhr dreiunddreißig von Nürnberg ab.*

*(**an**) Frankfurt 7.43 → Er kommt um sieben Uhr dreiundvierzig in Frankfurt an.*

a. (**ab**) Bremen 13.15

....

....

b. (**an**) Hamburg 14.07

....

....

Le sais-tu ?

Les Nürnberger Lebkuchen *(de Nuremberg) sont des petits gâteaux en pain d'épice qu'on mange à Noël, et les* Lübecker Marzipan, *des chocolats au massepain (de Lübeck). Les saucisses de Francfort,* Frankfurter, *se dégustent avec de la moutarde. L'eau de Cologne,* Kölnisch Wasser, *fut jadis inventée par un parfumeur de la ville. Enfin, les* Hamburger *sont tout d'abord les habitants de Hambourg.*

4 Ça ne bouge pas beaucoup dans la vie d'Alfred Krause. Complète les phrases par l'indication de temps.

Ex. *Um viertel vor sieben steht Alfred Krause auf.*

a. .... sitzt er im Bus.

b. ....

.... sitzt er am Schreibtisch.

c. ....

.... sitzt er in der Kantine.

d. ....

.... sitzt er vor dem Fernseher.

e. .... liegt er im Bett.

LA BOÎTE À OUTILS

Les verbes à préverbe séparable

Ils se conjuguent comme le verbe simple sur lequel ils sont construits.
Dans une phrase autonome, le préverbe se situe en fin de phrase :
Abfahren : Um wieviel Uhr fährt der Zug ab? Er fährt um 10 Uhr 10 ab.
Dans une subordonnée, il se retrouve soudé au verbe conjugué :
Wissen Sie, wann der Zug in Hamburg ankommt?

3 LA CONJUGAISON RÉGULIÈRE – LA CONJUGAISON IRRÉGULIÈRE

EINE INSEL

Föhr liegt in der Nordsee, nicht weit von der dänischen Grenze entfernt. Die Insel ist sieben Kilometer breit, zwölf Kilometer lang und sehr grün. Im Süden gibt es einen schönen Strand aus feinem weißem Sand, im Norden ein großes Vogelschutzgebiet.

Föhr ist ideal für die Ferien. Man kann schwimmen, surfen und segeln. Man kann aber auch Rad fahren, reiten oder am Strand spazieren gehen, und natürlich kann man Fußball, Tennis, Volleyball oder Minigolf spielen. Ein Kino gibt es auch auf der Insel.

Föhr hat 8 660 Einwohner. Sie leben vom Tourismus, von der Landwirtschaft und vom Krabbenfang. Der Hafen von Föhr heißt Wyk. Dort kommt die Fähre aus Dagebüll an.

Compréhension

1 Vrai ou faux ?

Relis le texte et entoure la bonne réponse.

a. Föhr ist eine Nordseeinsel.

V F

b. Die Insel ist 6 km breit und 12 km lang.

V F

c. Auf der Insel leben achttausend-sechshundertsechzig Touristen.

V F

d. Nach Föhr fährt man mit der Fähre.

V F

2 Voici quelques habitants de l'île. De quoi vivent-ils ? Complète leur présentation à l'aide des dessins et des informations données dans le dernier paragraphe du texte.

a. Das ist Heinrich Dreier auf seinem Krabbenkutter. Er lebt ....

b. Katharina und Klaus Nienhoff haben einen Bauernhof. Sie leben ....

c. Emma Jensen hat einen Souvenirladen. Sie lebt ....

Grammaire et expression

3 Que font-ils ? Écris une phrase sous chaque image en puisant dans la liste des groupes verbaux suivants :
reiten - surfen - Rad fahren - segeln

a. Uli . . . . b. Max und Mia . . . .

c. Florian . . . . d. Isabel . . . .

Le sais-tu ?

À marée basse (Ebbe), *la mer se retire si loin qu'on peut aller à pied de Föhr à Amrum, l'île voisine. Mais uniquement avec un guide et par très beau temps. Un voile de brume suffit pour perdre ses repères. Et si l'on s'attarde en chemin, on risque de se faire surprendre par la marée montante* (Flut), *qui revient sans qu'on s'en aperçoive par tout un réseau de petits et grands canaux, coupant brusquement toute issue. Plus d'un vacancier imprudent y a risqué sa vie.*

4 Huit mots du texte sur l'île de Föhr « traversent » la réserve d'oiseaux *(Vogelschutzgebiet)*. Retrouve-les grâce aux définitions et note-les dans la grille.

	1		2		3		4		5		6		7		8	
V	O	G	E	L	S	C	H	U	T	Z	G	E	B	I	E	T

1. Ihr Wasser ist salzig.
2. Sie wohnen auf Föhr.
3. Er ist weiß.
4. Sie bringt die Touristen von Dagebüll nach Wyk.
5. Er ist aus feinem weißen Sand.
6. Föhr ist 12 km . . . .
7. …und 7 km . . . .
8. Dort kommt die Fähre an.

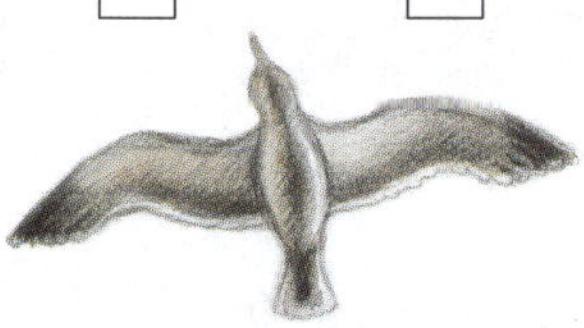

LA BOÎTE À OUTILS

→ *La conjugaison régulière*

	er/sie (sing.)	*sie* (plur.)
schwimmen	*schwimmt*	*schwimmen*
reiten	*reitet*	*reiten*
segeln	*segelt*	*segeln*

→ *La conjugaison irrégulière (avec changement vocalique)*
Aux 2e et 3e personnes du singulier, la voyelle radicale de certains verbes change.
Rad fahren : Ich fahre Rad, du fährst Rad, er/sie fährt Rad.

4

LES QUESTIONS – LES VERBES À ALTERNANCE VOCALIQUE I/E

WILLKOMMEN AUF FÖHR!

N'hésite pas à consulter le mini-dictionnaire, page 54.

Compréhension

1 Donne, pour chaque question, la réponse la plus courte possible.

a. Wie heißt Mias Bruder? . . . .

b. Wer trägt Sophies Koffer zum Bus? . . . .

c. Wo ist Cyrils Mütze? . . . .

d. Versteht Florian, was Cyril sagt? . . . .

e. Woher kommt Louise? . . . .

f. Wann fährt der Bus ab? . . . .

Grammaire et expression

2 **Complète les phrases par le verbe conjugué.**

Ex. *Sophie <u>gibt</u> Uli ihren Koffer. (geben)*

a. Uli . . . . Sophies Koffer. (nehmen)

b. Florian . . . . kein Wort Französisch. (sprechen)

c. Djamila . . . . eine Sonnenbrille. (tragen)

d. Katrin . . . . einen Bonbon. (essen)

e. Der Bus . . . . in zwei Minuten . . . . . (abfahren)

Le sais-tu ?

En Allemagne, à la différence de la France, les élèves n'ont que six semaines de vacances d'été. Elles s'échelonnent selon les régions (Bundesländer) *pour éviter les départs en masse et les grands embouteillages. D'une année sur l'autre, la date des vacances change pour chaque région afin de ne mécontenter personne.*

3 **Tu rencontres une jeune Allemande.**

Tu lui dis :

a. d'où tu viens

. . . .

b. quel sport tu pratiques

. . . .

Tu lui demandes :

c. comment elle s'appelle

. . . .

d. si elle parle français

. . . .

LA BOÎTE À OUTILS

➾ *Les questions*

Il y a deux types de questions :

– celles qui commencent par un verbe et qui ont pour réponse « oui » ou « non ». On les appelle *Ja-Nein-Fragen.*
Spricht Florian Französisch? – Nein.

– celles qui débutent par un mot interrogatif et demandent une réponse autre que « oui » ou « non ».
On les appelle *W-Fragen,* parce que les interrogatifs allemands commencent par un *w* :
wer (qui) *von wem* (de qui) *was* (qu'est-ce que) *woher* (d'où) *wo* (où) *wie* (comment) *wann* (quand)

➾ *Les verbes à alternance vocalique e/i*

Cette alternance ne concerne que les 2e et 3e personnes du singulier :

	ich	*du*	*er/sie*
nehmen	*nehme*	*nimmst*	*nimmt*
sprechen	*spreche*	*sprichst*	*spricht*
essen	*esse*	*isst*	*isst*

➾ *Le génitif saxon*

Il exprime l'appartenance : *Sophies Koffer* (la valise de Sophie) ; *Cyrils Mütze* (la casquette de Cyril).

5

WOHIN ET *WO* – LES PRÉPOSITIONS « MIXTES »

FERIENHEIM LACHMÖWE

Compréhension

N'hésite pas à consulter le mini-dictionnaire, page 54.

1 Trois erreurs se sont glissées dans le texte sur le foyer de vacances. Souligne les phrases ou parties de phrase qui ne correspondent pas à ce que tu vois sur l'image.

a. Das Ferienheim Lachmöwe liegt in einem großen Garten.
b. Unten rechts im Haus ist die Küche, unten links der Esssaal.
c. Oben links ist das Sekretariat.
d. Im Garten spielen zwei Jungen Tischtennis.
e. Zwischen zwei Bäumen hängt eine Hängematte.
f. Der Bungalow für die Mädchen ist rechts.
g. Rechts vor dem Haus hält der Bus.

Grammaire et expression

Le sais-tu ?

Le long des côtes de la mer du Nord, à des endroits peu profonds, appelés Watt, *l'eau se retire deux fois par jour, laissant apparaître le fond de la mer. À la marée suivante, il sera recouvert de nouveau. Ce milieu très particulier abrite des plantes et des animaux parfaitement adaptés à l'eau de mer et au va-et-vient des marées. Pour le préserver, un parc national a été créé, qui s'étend de la frontière hollandaise jusqu'au Danemark :* der Nationalpark Wattenmeer.

2 ***Wohin* ou *wo* ? Pose la question qui aurait comme réponse la partie soulignée de la phrase.**

Ex. *Pierre geht an den Strand.*
→ *Wohin geht er?*
Am Strand sieht er Isabel.
→ *Wo sieht er Isabel?*

a. Im Sekretariat klingelt das Telefon.

. . . .

b. In der Küche singt der Koch.

. . . .

c. Katrin bringt ihr Surfbrett in den Bungalow.

. . . .

d. Der Bus fährt nach Nieblum.

. . . .

3 **Stefan cherche sa collègue Amélie. Aide-le en complétant les phrases.**

Ex. *Er geht ins Sekretariat. Nein, sie ist nicht im Sekretariat.*

a. Er geht in die Küche. Nein, ...

b. Er geht in den Esssaal. Nein, ...

c. Er geht in den Garten. Ja, ...

d. Sie liegt . . . . Hängematte und liest.

LA BOÎTE À OUTILS

***Les interrogatifs* wohin *et* wo**

Ils se traduisent tous deux par « où ».
– Pour demander vers quel endroit se dirige une personne ou un objet, on emploie *wohin* suivi d'un verbe qui indique un déplacement, tel que *gehen, laufen, fahren* : *Wohin gehst du? Wohin fährt der Bus?*
– Pour demander où se trouve une personne, une chose ou un lieu, on emploie *wo* : *Wo ist der Bus?*

Les prépositions « mixtes »

Des prépositions telles que *an* (à), *auf* (sur), *in* (à, dans), *vor* (devant), *zwischen* (entre), etc. s'emploient aussi bien pour indiquer un déplacement que l'endroit où se trouve une personne, une chose, un lieu. C'est pourquoi on les appelle des prépositions « mixtes ».
– Quand elles répondent à la question *wohin?* elles sont suivies de l'accusatif (directif) :
Ich gehe an den Strand, ins Kino, in die Stadt.
– Quand elles répondent à la question *wo?* elles sont suivies du datif (locatif) :
Ich bin am Strand, im Kino, in der Stadt.
– Avec les noms de villes, de pays et d'îles, on utilise *nach* pour dire qu'on y va, et *in* ou *auf* pour dire qu'on y est : *nach Föhr fahren* ; *auf Föhr sein.*

COCHER C'EST GAGNER !

Pour chacun des cinq exercices d'une même séquence, coche la bonne réponse. Après avoir consulté les corrigés (en p. 6 du cahier détachable), inscris ton score sur 5 dans la case prévue à cet effet. Si tu totalises moins de 3 points sur une séquence, nous te conseillons de la retravailler.

SÉQUENCE 1 (pp. 4-5)

1 En allemand, on écrit avec une majuscule...
a. les pronoms. ❑
b. les noms communs. ❑
c. les adjectifs. ❑

2 Parmi les noms suivants, lequel est un féminin ?
a. eine Straße ❑
b. ein Haus ❑
c. ein Platz ❑

3 Parmi les noms suivants, lequel est un masculin ?
a. die Sonne ❑
b. das Wetter ❑
c. der Regen ❑

4 Parmi les groupes nominaux suivants, lequel est un neutre ?
a. ein kleines Hotel ❑
b. ein großer Park ❑
c. eine schöne Stadt ❑

5 Quel nom est au pluriel ?
a. die Ferien ❑
b. die Sonnenbrille ❑
c. die Insel ❑

TOTAL SÉQUENCE 1	/5

SÉQUENCE 2 (pp. 6-7)

1 *Neun Uhr dreißig*, c'est...
a. dreizehn Minuten nach neun Uhr ❑
b. halb neun ❑
c. halb zehn ❑

2 *Der Zug kommt um sechzehn Uhr vierundfünfzig an* signifie que le train arrive...
a. à 16 h 45. ❑
b. à 16 h 54. ❑
c. à 17 h 45. ❑

3 Quelle question dois-tu poser pour connaître l'heure de départ de ton train ?
a. Wohin fährt der Zug? ❑
b. Wieviel Stunden fährt der Zug? ❑
c. Um wieviel Uhr fährt der Zug ab? ❑

4 Tu dois te lever à huit heures moins le quart. Que dis-tu ?
a. Ich muss um viertel nach acht aufstehen. ❑
b. Um viertel vor acht muss ich aufstehen. ❑
c. Ich möchte um sieben Uhr fünfundvierzig aufstehen. ❑

5 Il est sept heures. Tu dis à un ami que tu vas l'appeler dans une heure.
a. Ich rufe dich um ein Uhr an. ❑
b. Ruf mich um acht Uhr an! ❑
c. Ich rufe dich in einer Stunde an. ❑

TOTAL SÉQUENCE 2	/5

SÉQUENCE 3 (pp. 8-9)

1 Quel verbe change de voyelle à la 2e et à la 3e personne du singulier ?
a. Volleyball spielen ❑
b. Rad fahren ❑
c. spazieren gehen ❑

2 Qui pratique un sport nautique ?
a. Anja reitet ❑
b. Marion spielt Hockey ❑
c. Patrick segelt ❑

3 Tu demandes à une amie si elle joue au volley.
a. Spielst du Volleyball? ❑
b. Spielt ihr Volleyball? ❑
c. Spielen Sie Volleyball? ❑

4 Tu aimerais apprendre à faire du surf. Que dis-tu ?
a. Ich lerne surfen. ❑
b. Ich möchte surfen lernen. ❑
c. Ich habe surfen gelernt. ❑

5 Tu veux savoir s'il y a un cinéma sur ton lieu de vacances.
a. Ist das hier ein Kino? ❑
b. Gibt es hier ein Kino? ❑
c. Wo ist das Kino? ❑

TOTAL SÉQUENCE 3	/5

SÉQUENCE 4 (pp. 10-11)

1 Parmi les questions suivantes, à laquelle peut-on répondre simplement par oui ou par non ?

a. Wie heißt du? ❏
b. Sprichst du Deutsch? ❏
c. Woher kommst du? ❏

2 Coche l'énoncé qui est faux.

a. En allemand, les mots interrogatifs commencent par un *w*. ❏
b. On appelle *W-Fragen* les questions qui débutent par un mot interrogatif. ❏
c. Aux questions qui commencent par un mot interrogatif, on répond par oui ou par non. ❏

3 Quel verbe ne change pas de voyelle aux 2e et 3e personnes du singulier ?

a. sprechen ❏
b. verstehen ❏
c. essen ❏

4 Tu demandes à un ami ce qu'il aimerait manger.

a. Was möchtest du essen? ❏
b. Möchtest du etwas essen? ❏
c. Was isst du gern? ❏

5 Tu dis que tu n'as pas tout compris.

a. Ich habe nichts verstanden. ❏
b. Ich verstehe nicht alles. ❏
c. Ich habe nicht alles verstanden. ❏

TOTAL SÉQUENCE 4	/5

SÉQUENCE 5 (pp. 12-13)

1 L'interrogatif *wohin* s'emploie pour demander…

a. vers où se dirige quelqu'un. ❏
b. où se trouve quelqu'un. ❏
c. d'où vient quelqu'un. ❏

2 Quel groupe verbal comporte un directif ?

a. im Garten Tischtennis spielen ❏
b. zusammen an den Strand gehen ❏
c. sich mit Freunden am Strand treffen ❏

3 Quelle phrase répond à la question *wohin* ?

a. Peter und Patrick lesen in ihrem Zimmer. ❏
b. Marion ist mit Florian im Ponyklub. ❏
c. Anja und Frank fahren mit dem Rad in die Stadt. ❏

4 Quelle phrase répond à la question *wo* ?

a. Der Bus hält vor dem Haus. ❏
b. Er bringt uns nach Wyk. ❏
c. Heute gehen wir ins Kino. ❏

5 Tu proposes à un ami d'aller à la plage avec toi.

a. Was willst du am Strand? ❏
b. Komm mit, wir gehen an den Strand! ❏
c. Ich gehe an den Strand. Kommt ihr mit? ❏

TOTAL SÉQUENCE 5	/5

AM STRAND

N'hésite pas à consulter le mini-dictionnaire, page 54.

Compréhension

1 Vrai ou faux ?

a. Mia und Sophie gehen nicht schwimmen, weil sie keine Zeit haben.	V	F
b. Isabel und Louise wollen zum Ponyklub, die Jungen gehen mit.	V	F
c. Cyril kann sehr gut reiten.	V	F
d. Um fünf Uhr wollen sie schwimmen gehen, aber sie können nicht.	V	F

Grammaire et expression

2 Note, après chaque phrase, si elle s'adresse à des gens qu'on tutoie (TC) ou bien à une ou plusieurs personnes qu'on vouvoie (FP).

Ex. *Kommt ihr mit?* (TC) / *Kommen Sie mit?* (FP)

a. Was macht ihr heute Nachmittag? (. . . .)

b. Wohin geht ihr? (. . . .)

c. Haben Sie Pistazieneis? (. . . .)

3 Formule des propositions.

Ex. *On va au poneyclub ?*

→ *Wollen wir zum Ponyklub gehen?*

a. On joue au foot ?

. . . .

b. On va nager ?

. . . .

c. On va s'acheter une glace ?

. . . .

_________ _________ _________ _________

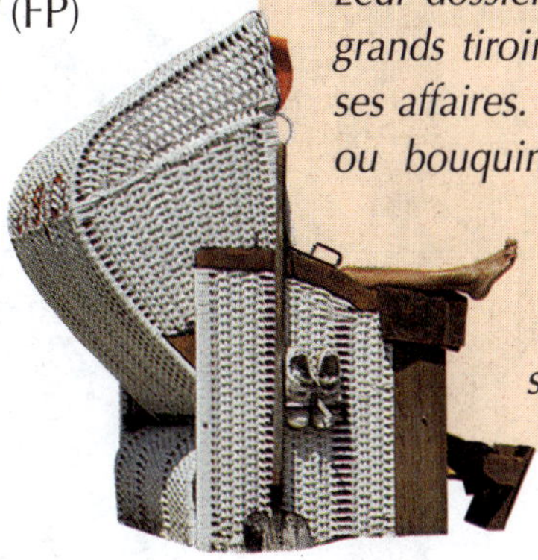

Le sais-tu ?

Avec les beaux jours et les premiers touristes, de grands fauteuils en osier aux couleurs vives (Strandkörbe) *font leur apparition sur les plages allemandes. Leur dossier est inclinable, et il y a de grands tiroirs sous le siège pour ranger ses affaires. On les loue pour se reposer ou bouquiner à l'abri du vent, pour bavarder tranquillement pendant une averse ou regarder le coucher de soleil sur la mer.*

4 Qui prend quel parfum ? Lis le texte de la devinette et associe chaque glace à la personne qui l'a commandée.

a. Ein Mädchen nimmt Pistazieneis.

b. Ein Junge nimmt Schokoladeneis.

c. Florian, Isabel und Louise mögen kein Erdbeereis.

d. Isabel und Cyril essen kein Vanilleeis.

e. Louise isst kein Pistazieneis.

LA BOÎTE À OUTILS

Le tutoiement collectif (TC) et la forme de politesse (FP)

En allemand, la 2e personne du pluriel sert exclusivement à s'adresser à deux ou plusieurs personnes que l'on tutoie. Pour vouvoyer une ou plusieurs personnes, on utilise la 3e personne du pluriel et le pronom *Sie*.

Schwimmen gehen : Geht ihr schwimmen? Gehen Sie schwimmen?

(Nicht) reiten können : Könnt ihr (nicht) reiten? Können Sie (nicht) reiten?

Le pronom « on »

En français, dans le langage courant, on dit souvent « on » à la place de « nous ».
En allemand, on utilise toujours la 1re personne du pluriel : *Wir gehen schwimmen.*

Kein

L'article négatif *kein* sert à exprimer qu'on n'a pas envie, pas le temps, pas d'argent, ni faim, ni soif, etc.
Il s'accorde avec le complément d'objet direct qui suit : *Ich habe keine Lust, keine Zeit, keinen Hunger, keinen Durst...*

7 LE COD – L'APPRÉCIATION

CYRILS GEBURTSTAGSGESCHENK

Compréhension

N'hésite pas à consulter le mini-dictionnaire, page 54.

1 Cyril est très distrait. Aide-le à compléter ses questions avec le mot qui correspond à l'objet. Attention ! Des intrus se sont glissés dans la liste.

Badehose   Fotoapparat   Kamm   Mütze   Pullover   Schlüssel

Schuhe   Sonnenbrille   Tischtennisschläger   Uhr   T-Shirt

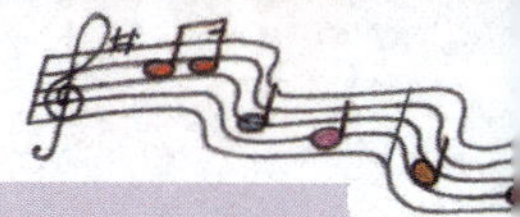

Grammaire et expression

2 D'autres surprises attendent Cyril. Complète les COD.

Ex. *Seine Eltern schicken ihm ein Paket.*

a. Der Koch bäckt . . . . Geburtstagstorte für ihn.

b. Florian schenkt ihm . . . . Kompass.

c. Von Isabel bekommt er . . . . Foto vom Ponyklub.

d. Amélie hat . . . . Blumen aus dem Garten geholt.

3 On lui pose des questions. Retrouve-les et note-les.

Ex. *Seine Freunde fragen ihn, wie er das Bild findet.*

→ *Wie findest du das Bild?*

a. Florian möchte wissen, ob ihm der Kompass gefällt.

. . . .

b. Isabel fragt ihn, ob er das Foto mag.

. . . .

c. Der Koch will wissen, ob ihm die Geburtstagstorte schmeckt.

. . . .

d. Stefan fragt ihn, wie er seinen Geburtstag findet.

. . . .

Le sais-tu ?

Pour souhaiter à quelqu'un son anniversaire, on dit : Alles Gute zum Geburtstag! *ou* Herzlichen Glückwunsch zum Geburtstag!
Voici les paroles allemandes de « Joyeux anniversaire » :

Zum Geburtstag, viel Glück! *(bis)*
Zum Geburtstag, alles Gute!
Lieber Cyril, viel Glück!

LA BOÎTE À OUTILS

Le COD

Le nom ou le pronom qui fait fonction de COD est, à de rares exceptions près, à l'accusatif.
Au pluriel indéfini, il n'y a pas d'article : *Geschenke bekommen* (recevoir des cadeaux).

sujet	verbe	COD masculin	COD neutre	COD féminin	COD pluriel
Ich	*schicke*	*einen Brief*	*ein Telegramm*	*eine Karte*	*Cyril bekommt Geschenke.*
Er	*bekommt*	*den Brief*	*das Telegramm*	*die Karte*	*Er findet die Geschenke schön.*
Er	*liest*	*ihn*	*es*	*sie*	*Er mag sie.*

Attention ! *fragen* (demander, poser une question) est également suivi de l'accusatif :
Ich frage ihn/sie. (Je lui demande à lui/à elle.)

L'appréciation

– *etwas schön, gut, super* ***finden*** : *Ich finde den Kompaß sehr gut.* (Je trouve la boussole très bien.)
– *etwas* ***mögen*** : *Ich mag das Foto.* (J'aime bien cette photo.)
– ***gefallen*** : *Das Geschenk gefällt mir, gefällt dir, gefällt ihm, gefällt ihr.*
(Le cadeau me plaît, te plaît, lui plaît à lui, lui plaît à elle.)
– ***schmecken*** (trouver bon goût à qqch. qu'on mange ou qu'on boit) :
Die Geburtstagstorte schmeckt mir. (Le gâteau d'anniversaire me plaît.)

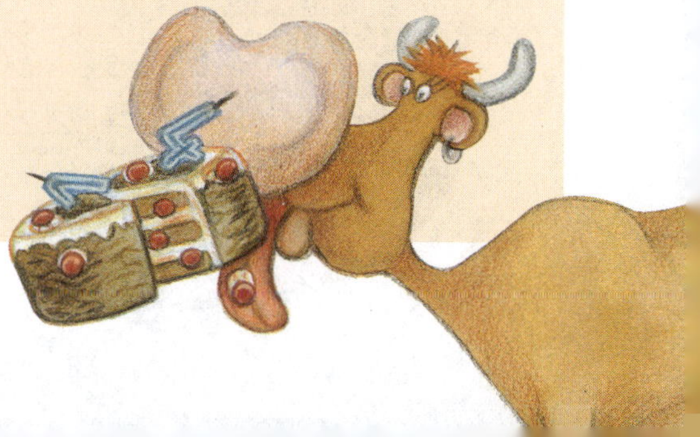

BERUF: KRABBENFISCHER

Ein Kutter fährt am Nachmittag zum Hafen zurück. An Bord kocht der Fischer die letzten Krabben. Er hat einen langen Arbeitstag hinter sich.

Um drei Uhr morgens steht er auf. Um halb vier fährt er mit seinem Kutter los. Er läßt die zwei großen Netze ins Wasser hinunter. Nach zwei Stunden stoppt er den Motor und holt die Krabben aus den Netzen. Dann lässt er die Netze wieder hinunter und fährt weiter. Die Krabben kocht er sofort in einem großen Kessel.

Im Sommer ist ein Krabbenfischer zwölf Stunden pro Tag auf See. Im Winter bleiben die Kutter im Hafen.

Compréhension

1 Voici trois phrases du texte, dans leur version française. Retrouve les phrases allemandes originales et note-les.

a. Un chalutier retourne au port l'après-midi.

. . . .

. . . .

b. À bord, le pêcheur fait cuire les dernières crevettes.

. . . .

. . . .

c. En été, un pêcheur de crevettes est douze heures par jour en mer.

. . . .

. . . .

Grammaire et expression

2 Complète les phrases suivantes avec le complément de temps qui convient.

Ex. *<u>Im Winter</u> bleiben die Kutter im Hafen.*

in der Nacht - im Sommer - mittags
um halb sieben - am Sonntag

a. .... arbeiten die Fischer sechs Tage pro Woche.

b. .... bleiben sie zu Hause.

c. Viele Touristen picknicken .... am Strand.

d. Die Geschäfte schließen ....

e. .... ist es sehr still auf der Insel.

Le sais-tu ?

En Allemagne, l'école commence généralement à huit heures. Une heure de cours dure 45 minutes. Les établissements qui pratiquent la journée continue comme en France sont minoritaires. La plupart des collégiens et des lycéens rentrent vers une ou deux heures, après leurs cinq à six heures de cours quotidiennes, et déjeunent chez eux. Ils disposent de leurs après-midi qu'ils organisent eux-mêmes, en fonction de leurs devoirs et de leurs activités de loisir.

3 Retrouve, parmi ces mots étranges, les mois de l'année et note-les dans l'ordre. Ajoute les deux mois qui manquent.

BREUFAR
VOMBERNE
LUJI
RAUJAN
BREKOTO
GUSTAU
AMI
LIRPA
NIJU
PERSTEMBE

LA BOÎTE À OUTILS

Les compléments circonstanciels de temps (CCT)

Ils répondent à la question *wann?* (quand ?)

– Les saisons : *im Frühling, im Sommer, im Herbst, im Winter.*

– Les mois : *im Januar… im Dezember.*

– Les jours de la semaine : *am Montag, montags ; …am Sonntag, sonntags.*

– La journée : *am Morgen, morgens ; am Mittag, mittags ; am Nachmittag, nachmittags; in der Nacht, nachts.*

– L'heure : *um drei Uhr (morgens/nachmittags), um Mitternacht.*

Ein Ausflug

Morgen macht die Gruppe einen Ausflug mit dem Bus.

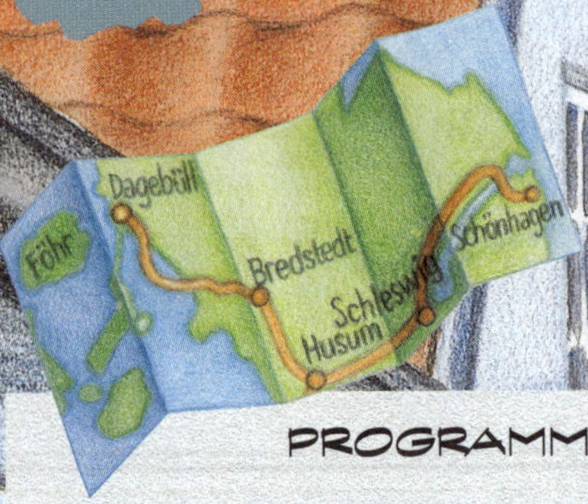

PROGRAMM

7 Uhr 30	Frühstück
8 Uhr	Abfahrt nach Schleswig
10 Uhr	Ankunft in Schleswig
10-11 Uhr	Stadtbesichtigung
11-12 Uhr	Freizeit
12 Uhr	Picknick im Schlosspark
13 Uhr	Besichtigung des Wikinger-Museums in Haithabu
14 Uhr 30	Abfahrt an die Ostsee
15 Uhr 30	Baden in Schönhagen
17 Uhr	Rückfahrt nach Föhr

Anorak und Badesachen nicht vergessen!

Compréhension

1 Vrai ou faux ?

a. Um halb sieben gibt es Frühstück.	V	F
b. Die Fahrt von Föhr nach Schleswig dauert zwei Stunden.	V	F
c. In Schleswig besichtigt die Gruppe den Zoo.	V	F
d. Zwischen elf und zwölf Uhr kann jeder machen, was er will.	V	F
e. Nach dem Picknick fährt die Gruppe zum Wikinger-Museum.	V	F
f. Um halb drei fährt sie an die Nordsee.	V	F

Grammaire et expression

2 Mia et Max préparent leurs affaires. Note ce qu'emporte chacun d'eux.

Ex. *Sie nimmt ihren Anorak mit. / Er nimmt seine Jacke mit.*

a. Mia nimmt ....
....
....
.... mit.

b. Max nimmt ....
....
....
.... mit.

Le sais-tu ?

Pendant près de trois siècles, entre la fin du VIIIe et le milieu du XIe siècle, des guerriers, des marchands et des explorateurs venus de Scandinavie ont parcouru les mers et les fleuves d'Europe à bord de leurs bateaux très performants. À tous, on a donné le nom de Vikings : aux hordes de pirates qui saccagèrent des contrées entières aussi bien qu'aux négociants qui établirent des échanges commerciaux d'une extrémité à l'autre du continent, et aux navigateurs intrépides qui affrontèrent l'Atlantique pour débarquer au Groenland, en Islande, voire sur les côtes du Labrador.

3 Quartier libre à Schleswig. Complète les COD.

Ex. *Florian schreibt eine Postkarte.*

a. Djamila kauft .... Film für ihren Fotoapparat.

b. Nicolas schenkt Mia .... Ring.

c. Isabel und Pierre kaufen sich .... Asterix-Heft.

d. Louise und Uli suchen .... Telefonzelle.

LA BOÎTE À OUTILS

Les adjectifs possessifs : **mein, dein, sein/ihr**

Ils se déclinent comme l'adjectif négatif *kein*.

masculin	neutre	féminin	pluriel
mein Pullover	*mein Buch*	*meine Brille*	*meine Schuhe*
dein	*dein*	*deine*	*deine*
sein/ihr	*sein/ihr*	*seine/ihre*	*seine/ihre*

À la 3e personne du singulier, l'allemand distingue entre un possesseur masculin et un possesseur féminin : *sein Pullover* (son pull à lui), *ihr Pullover* (son pull à elle).

Les possessifs de la 3e personne du pluriel sont *ihr, ihre* (leur, leurs) ; ceux de la forme de politesse sont *Ihr, Ihre* (votre/vos). Tu dois donc faire très attention à la majuscule.

HAITHABU ZUR WIKINGERZEIT

Au temps des Vikings, Haithabu était une des places marchandes les plus importantes d'Europe du Nord.

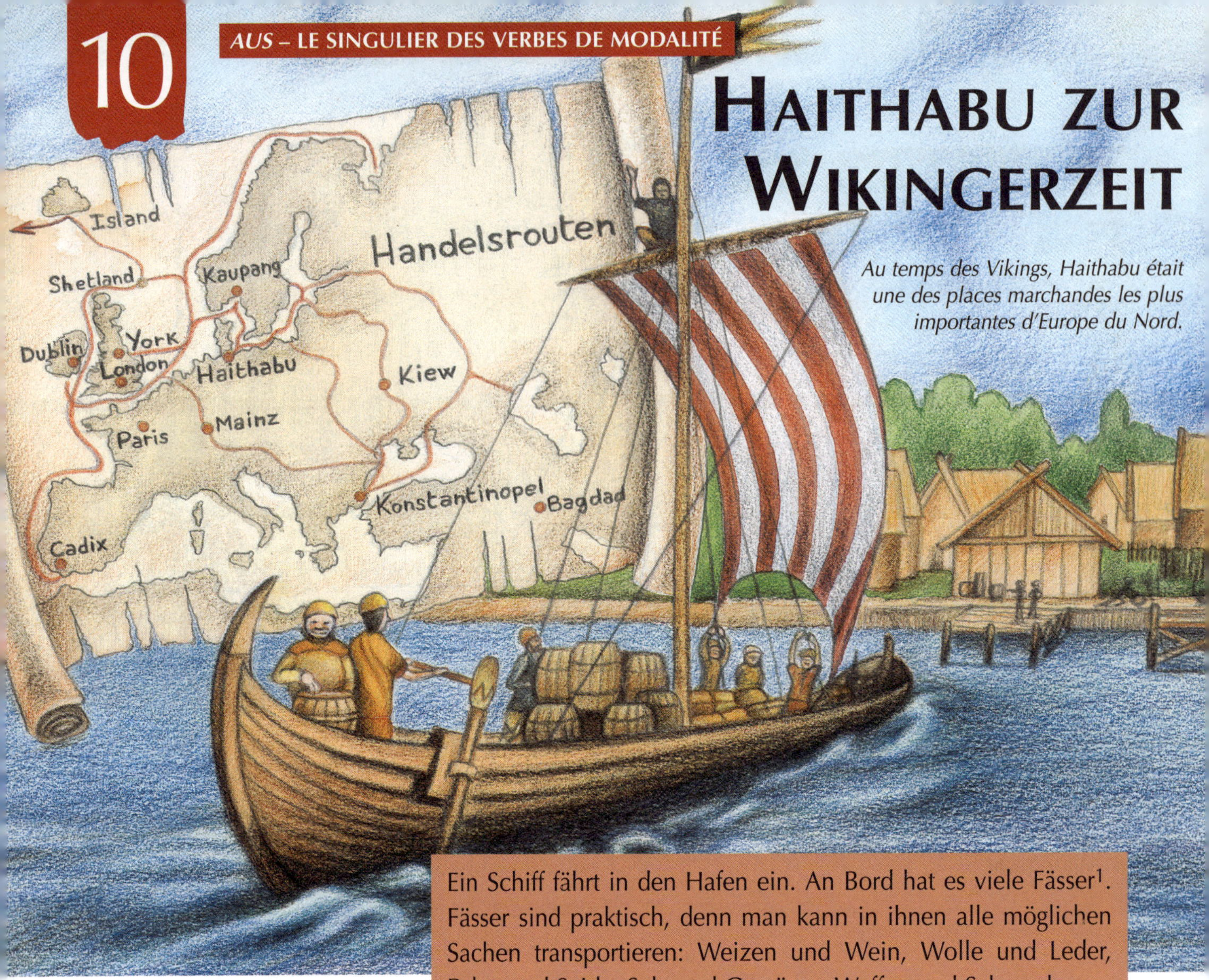

Ein Schiff fährt in den Hafen ein. An Bord hat es viele Fässer[1]. Fässer sind praktisch, denn man kann in ihnen alle möglichen Sachen transportieren: Weizen und Wein, Wolle und Leder, Pelze und Seide, Salz und Gewürze, Waffen und Schmuck.

[1. *Fässer* : Tonneaux.

Compréhension

N'hésite pas à consulter le mini-dictionnaire, page 54.

1 Classe les marchandises citées dans le texte.

a. Alimentation : ....

b. Habillement : ....

c. Objets en métal : ....

2 Complète les étiquettes selon la provenance des tonneaux.

Grammaire et expression

3 Quelle question dois-tu poser pour obtenir comme réponse la partie soulignée de la phrase ?

Ex. *Die Wikinger kommen aus Skandinavien.*
→ *Woher kommen sie?*
Ihre Schiffe sind aus Holz. → *Woraus sind sie?*

a. Ihren Wein holen sie aus Frankreich.

. . . .

b. Die Pelze für ihre Mäntel kommen aus Norwegen.

. . . .

c. Ihr Schmuck ist aus Gold und Silber.

. . . .

d. Ihre Waffen sind aus Eisen.

. . . .

4 *Wer will, wer muss, wer kann?*
Complète chaque phrase.

a. Stefans Freundin . . . . am Donnerstag ins Kino gehen.

b. Stefan . . . . leider nicht mitgehen.

c. Er . . . . seinen Koffer packen.

d. Seine Freundin . . . . also allein ins Kino gehen.

Le sais-tu ?

Dans les langues scandinaves, le terme « viking » désignait les gens qui vivaient près d'une baie (wik).
Et des baies, il y en a beaucoup ! On retrouve ce mot dans des noms de villes tels que Wyk, Schleswig ou Reykyavik, la capitale de l'Islande.

5 Pendant l'excursion, le groupe découvre le nord du SCHLESWIG-HOLSTEIN. Retrouve les verbes qu'on peut écrire avec les lettres de ce nom.

a. voir . . . .

b. aller . . . .

c. manger . . . .

d. vouloir . . . .

e. lire . . . .

f. savoir . . . .

g. être . . . .

LA BOÎTE À OUTILS

Aus : *une préposition à deux emplois*
– On l'utilise pour dire d'où vient une personne ou une chose. L'interrogatif correspondant est *woher?* (d'où ?) : *Woher kommst du?* → *Aus der Bretagne, aus dem Périgord, aus einer Stadt in Südfrankreich.*
– On l'emploie également pour indiquer de quelle matière est fait un objet. L'interrogatif est alors *woraus?* (de quelle matière, en quoi ?) : *Woraus sind die Fässer?* → *Sie sind aus Holz.*

Le singulier des verbes de modalité
– *können* (pouvoir, être capable de) *ich kann, du kannst, er/sie kann*
– *müssen* (devoir, être obligé de) *ich muss, du musst, er/sie muss*
– *wollen* (vouloir, avoir l'intention de) *ich will, du willst, er/sie will*

Au singulier, leur voyelle radicale est différente de celle de l'infinitif. Les 1re et 3e personnes sont identiques et, contrairement aux autres verbes, elles se terminent sur le radical.
– Pour demander poliment quelque chose, on emploie *mögen* : *ich möchte, du möchtest, er/sie möchte.*

Cocher c'est gagner !

Pour chacun des cinq exercices d'une même séquence, coche la bonne réponse. Après avoir consulté les corrigés (en p. 6 du cahier détachable), inscris ton score sur 5 dans la case prévue à cet effet. Si tu totalises moins de 3 points sur une séquence, nous te conseillons de la retravailler.

SÉQUENCE 6 (pp. 16-17)

1 Quelle question s'adresse à deux ou plusieurs personnes que l'on tutoie (tutoiement collectif) ?

a. Was machen sie heute abend? . . ❑
b. Was macht ihr heute abend? . . ❑
c. Was machen Sie heute abend? . . ❑

2 Tu demandes l'heure à une dame dans la rue.

a. Kannst du mir bitte sagen, wieviel Uhr es ist? . . . . ❑
b. Wisst ihr, wieviel Uhr es ist? . . . ❑
c. Entschuldigen Sie bitte, wieviel Uhr ist es? . . . . ❑

3 Tu dis que tu vas nager avec tes amis.

a. Wir gehen schwimmen. . . . . . . ❑
b. Man geht schwimmen. . . . . ❑
c. Sie wollen schwimmen gehen. . ❑

4 Tu demandes à des amis s'ils savent faire du cheval.

a. Wollt ihr reiten? . . . . ❑
b. Reitet ihr gern? . . . . ❑
c. Könnt ihr reiten? . . . . ❑

5 Un ami t'offre quelque chose à boire, mais tu n'as pas soif. *Vielen Dank, aber...*

a. ich bin zu müde. . . . . ❑
b. ich habe keinen Durst. . . . . ❑
c. ich mag nichts essen. . . . . ❑

TOTAL SÉQUENCE 6	/5

SÉQUENCE 7 (pp. 18-19)

1 Quelle phrase comporte un COD masculin ?

a. Peter liest ein Buch. . . . . ❑
b. Mario schreibt einen Brief. . . . . ❑
c. Sandra hört eine CD. . . . . ❑

2 Quelle appréciation comporte un COD ?

a. Dieses T-Shirt finde ich sehr schön. . . . . ❑
b. Dieses T-Shirt gefällt mir. . . . . . ❑
c. Dieses T-Shirt ist toll. . . . . ❑

3 Sandra t'invite à son anniversaire. Tu veux savoir qui d'autre elle invite.

a. Wen lädst du noch ein? . . . . . . ❑
b. Wen lädst du nicht ein? . . . . . . ❑
c. Wann lädst du mich ein? . . . . . ❑

4 Tu offres un CD à Sandra, et tu espères qu'elle ne te dira pas :

a. Oh, die CD ist super, das ist wirklich eine tolle Idee. . . . . ❑
b. Das ist genau die CD, die ich mir kaufen wollte. Vielen Dank! . . . . . . ❑
c. Danke, das ist eine tolle CD, aber ich habe sie leider schon. . . . . . . ❑

5 Il y a un gâteau au chocolat. Tu le trouves très bon.

a. Der Schokoladenkuchen schmeckt sehr gut. . . . . ❑
b. Ich mag keinen Schokoladen-kuchen. . . . . ❑
c. Der Schokoladenkuchen sieht sehr gut aus. ❑

TOTAL SÉQUENCE 7	/5

SÉQUENCE 8 (pp. 20-21)

1 Quelle phrase ne comporte pas de CCT ?

a. Im Sommer sind viele Touristen auf der Insel. . . . . ❑
b. Im Hafen warten sie auf die Fähre. . . . . ❑
c. Die Fähre fährt um 18 Uhr. . . . ❑

2 Quel CCT comprend un groupe nominal féminin ?

a. Am Wochenende sind die Restaurants voll . . . . ❑
b. Im Winter arbeiten die Fischer nicht . . . . ❑
c. In der Nacht hört man den Wind in den Bäumen . . . . ❑

3 Parmi les CCT suivants, deux veulent dire la même chose. Coche l'intrus.

a. um zwölf Uhr nachts . . . . ❑
b. um 12 Uhr mittags . . . . ❑
c. um Mitternacht . . . . ❑

4 Quelle indication de temps se situe le plus loin dans l'avenir ?

a. in einem Monat . . . . ❑
b. in einem Jahr . . . . ❑
c. in einer Woche . . . . ❑

5 Tu demandes à un ami quand a lieu son anniversaire.

a. Wann hast du Geburtstag? . . . . ❑
b. Wo bist du geboren? . . . . ❑
c. Wie alt bist du? . . . . ❑

TOTAL SÉQUENCE 8	/5

SÉQUENCE 9 (pp. 22-23)

1 Ne trouvant pas ton porte-monnaie, tu demandes à tes amis :

a. Hast du mein Portemonnaie gesehen? ❑
b. Wisst ihr vielleicht, wo mein Portemonnaie ist? ❑
c. Haben Sie mein Portemonnaie gesehen? ❑

2 Lequel de ces objets appartient à une femme ?

a. seine Sonnenbrille ❑
b. ihr Fotoapparat ❑
c. sein Koffer ❑

3 La question *Sind das Ihre Schlüssel?* s'adresse...

a. à une personne que l'on vouvoie. ❑
b. à plusieurs personnes que l'on tutoie. ❑
c. à une amie. ❑

4 Caroline cherche un cadeau pour son frère.

a. Sie sucht ein Geschenk für seinen Bruder. ❑
b. Sie sucht ein Geschenk für ihre Brüder. ❑
c. Sie sucht ein Geschenk für ihren Bruder. ❑

5 Une seule phrase commence par le sujet. Laquelle ?

a. Für seinen Freund kauft Thomas eine Cassette. ❑
b. Seiner Schwester bringt er Ohrringe mit. ❑
c. Seine Eltern bekommen ein kleines Flaschenschiff. ❑

TOTAL SÉQUENCE 9	/5

SÉQUENCE 10 (pp. 24-25)

1 Lequel des trois énoncés concernant l'auxiliaire *können* est faux ?

a. Il signifie pouvoir, être capable de, savoir faire. ❑
b. Les 1e et 3e personnes du singulier sont identiques. ❑
c. Il garde la voyelle radicale de l'infinitif à toutes les personnes. ❑

2 Quelle phrase répond à la question *woher* ?

a. Anne kommt aus der Bretagne. ❑
b. Loïc wohnt in der Bretagne. ❑
c. Christian fährt in die Bretagne. ❑

3 Tu demandes à un groupe de jeunes d'où ils viennent. Coche la question qui ne convient pas.

a. Woher sind Sie? ❑
b. Woher seid ihr? ❑
c. Woher kommt ihr? ❑

4 Tu demandes à une amie si elle sait jouer aux échecs.

a. Weißt du, wo das Schachspiel ist? ❑
b. Möchtest du Schach spielen? ❑
c. Kannst du Schach spielen? ❑

5 Tu proposes à un ami d'aller manger une glace.

a. Wollen wir ein Eis essen gehen? ❑
b. Gehen wir ein Ei essen? ❑
c. Wollt ihr mit mir ein Eis essen gehen? ❑

TOTAL SÉQUENCE 10	/5

11

LE DATIF, CAS DU COI – L'IMPÉRATIF

Wem gehört die Brieftasche?

Katrin :	Seht mal, was ich gefunden habe!
Andreas :	Eine Brieftasche! Gib sie mir mal!
Katrin :	Warum? Ich habe sie gefunden und nicht du.
Djamila :	Zeig mal, was drin ist!
Katrin :	Nichts. Ach doch! Hier! Ein Zettel[1] mit sechs Zahlen.
Andreas :	Kein Geld und keine Papiere, kein Name, keine Adresse.
Katrin :	Logisch. Das Geld und die Papiere hat jemand gestohlen. Die Brieftasche hat er weggeworfen[2].
Andreas :	Wem gehört die Brieftasche?
Katrin :	Wo ist der Besitzer?
Djamila :	Was bedeuten die sechs Zahlen?

1. *Ein Zettel* : Un bout de papier.
2. *wegwerfen* : jeter.

Compréhension

1 Vrai ou faux ?

a. Andreas will die Brieftasche haben. **V F**

b. Katrin gibt sie ihm. **V F**

c. Djamila will wissen, was in der Brieftasche ist. **V F**

d. Die Brieftasche ist ganz leer. **V F**

e. Djamila fragt sich, was die Zahlen auf dem Zettel bedeuten. **V F**

2 Que sont ces six numéros ?

Lis ce texte pour le savoir et note ta réponse.

Sechs Zahlen zwischen 1 und 49. Jede Woche spielen Millionen von Leuten in Deutschland und in Frankreich Lotto. Alle wollen ganz schnell sehr viel Geld gewinnen. Jeder hofft, dass seine sechs Lottozahlen die Richtigen sind.

Lösung: Die sechs Zahlen sind . . . .
. . . .

Grammaire et expression

3 La caissière du musée sait à qui appartient le portefeuille. Souligne, dans sa réponse, tous les compléments d'objet indirects.

Ex. *Die Brieftasche gehört einem Mann.*

Nein, sie gehört nicht dem Museumsdirektor, auch keinem Kollegen von mir. Sie gehört einem Museumsbesucher. Ich bin ganz sicher, dass sie ihm gehört. Er sucht seine alte schwarze Brieftasche überall. Ach, da kommt er ja! Herr Krause! Sehen Sie mal! Gehört Ihnen die Brieftasche hier?

Le sais-tu ?

En France, les deux derniers chiffres d'une plaque minéralogique indiquent le département dans lequel le véhicule est immatriculé (01 = Ain). Sur une plaque allemande, la ou les premières lettres permettent de savoir de quelle ville ou de quel district vient la voiture. En règle générale, une seule lettre signifie qu'il s'agit de la ville la plus importante : B = Berlin ; M = München (Munich) ; K = Köln (Cologne) ; BN = Bonn, l'ancienne capitale fédérale ; KI = Kiel, la capitale du Schleswig-Holstein, qui est jumelée avec Brest.

4 Note, après chaque phrase impérative, s'il s'agit d'un tutoiement (T), d'un tutoiement collectif (TC) ou de la forme de politesse (FP).

a. Seht mal, was ich gefunden habe! (. . . .)

b. Zeig mal! (. . . .)

c. Hier, nimm die Brieftasche (. . . .) und bring sie zur Kasse! (. . . .)

d. Kommen Sie, Herr Krause! (. . . .) Nehmen Sie Ihre Brieftasche! (. . . .)

LA BOÎTE À OUTILS

Le datif, cas du COI

***Wem** gehört die Brieftasche?* → **À qui** appartient le portefeuille ?

	masculin	féminin
nom indéfini	*Gehört sie einem Mann?*	*Gehört sie einer Frau?*
nom défini	*Gehört sie dem Mann hier?*	*Gehört sie der Frau dort?*
pronom	*Sie gehört ihm.*	*Sie gehört nicht ihr.*
pronom, forme de politesse	*Gehört sie Ihnen?*	

L'impératif

infinitif	2e pers. du sg.	2e pers. du pl.	forme de politesse
zeigen	*Zeig!*	*Zeigt!*	*Zeigen Sie!*
nehmen	*Nimm!*	*Nehmt!*	*Nehmen Sie!*
sehen	*Sieh!*	*Seht!*	*Sehen Sie!*

12 LES QUANTITÉS INDÉFINIES – ENCORE/NE PLUS

WER LIEFERT WAS?

Die Windräder drehen sich Tag und Nacht und liefern Energie. Man sieht sie überall, wo in Schleswig-Holstein Wind ist. Und wo ist in Schleswig-Holstein kein Wind?

Das Gras auf den Deichen ist saftig und ein bißchen salzig. Die Schafe fressen es von morgens bis abends. Sie liefern Fleisch und weiche Wolle für warme Pullover.

Das Meer liefert Fische, Krabben und Muscheln. Aber wie lange kann man die Fische, die Krabben und die Muscheln noch essen?

Compréhension

1 En t'aidant des légendes, réponds aux questions de la manière la plus courte possible.

a. Was liefern die Windräder?

. . . .

b. Was fressen die Schafe?

. . . .

c. Was liefern die Schafe?

. . . .

d. Was liefert das Meer?

. . . .

2 Vrai ou faux ?

a. Die Windräder drehen sich, weil es viel Wind gibt.

V **F**

b. Die Schafe fressen das saftige Gras auf den Deichen.

V **F**

c. Die Fische aus dem Meer kann man nicht mehr essen.

V **F**

Grammaire et expression

3 Uli est végétarien. Complète les listes de ce qu'il mange et de ce qu'il ne mange pas. Vérifie le genre des noms à l'aide de ton mini-dictionnaire.

Brot Fleisch Fisch Würstchen Gemüse Käse

Obst Schinken Eier Wurst Butter Nudeln

a. Er isst Brot, ...

b. Er isst kein Fleisch, ...

Le sais-tu ?

En Allemagne, on dîne de bonne heure, généralement entre 18 et 19 heures. Le plus souvent, le dîner (das Abendessen *ou* Abendbrot) *est un repas froid qui se compose de pain complet, de charcuterie, de fromage, de crudités ou de salades variées.*

4 Tu es invité(e) chez des amis allemands. Il est tard et tu as envie de rentrer. En choisissant parmi les arguments ci-dessous, tu dis poliment non à tout ce qu'on te propose.

Ex. *Möchtest du noch etwas essen? → Nein, danke, ich habe keinen Hunger mehr.*

keine Zeit mehr haben

keinen Durst mehr haben

keinen Hunger mehr haben

a. Möchtest du noch etwas trinken? . . . .

. . . .

b. Wollen wir noch eine Partie Monopoly spielen? . . . .

. . . .

LA BOÎTE À OUTILS

Les quantités indéfinies

Il n'y a pas d'article partitif comme en français :
– fournir de l'énergie = *Energie liefern* : *Die Windräder liefern Energie.*
– manger du poisson = *Fisch essen* : *Uli isst Fisch.*
– boire du lait = *Milch trinken.*
Pour la négation, on emploie *kein* : *Uli isst keinen Schinken* (m.), *kein Fleisch* (n.), *keine Wurst* (f.), *keine Würstchen* (pl.).

Encore / ne plus

Schläfst du noch? (Dors-tu encore ?) → *Nein, ich schlafe nicht mehr.* (Non, je ne dors plus.)
Hast du Zeit, Lust, Hunger, Durst? (As-tu le temps, envie, faim, soif ?) → *Nein, ich habe keine Zeit, keine Lust, keinen Hunger, keinen Durst.* (Non, je n'ai pas le temps, pas envie, pas faim, pas soif.)

13

ACTION OU POSITION

WER SETZT SICH NEBEN WEN?

Compréhension

1 Vrai ou faux ?

a. Uli möchte ein Foto von seiner Freundin machen.	V	F
b. Andreas fragt Mia, ob er sich neben sie setzen kann.	V	F
c. Florian möchte, daß Louise sich neben ihn stellt.	V	F
d. Der Platz zwischen Isabel und Mia ist für Nicolas.	V	F
e. Katrin will nicht auf das Foto.	V	F
f. Im Fotoapparat ist kein Film.	V	F

Grammaire et expression

Cyril, Katrin, Louise, Florian,
Isabel, Nicolas, Mia, Andreas,
Djamila, Wusel

Le sais-tu ?

La Baltique, où le groupe vient de se baigner, est une mer intérieure et, comme la Méditerranée, elle n'est pratiquement pas soumise à l'influence des marées. Des côtes doucement vallonnées y alternent avec de longues plages de sable et des falaises. En bateau, on peut aller jusqu'en Suède, en Finlande ou à Saint-Pétersbourg.

2 Où se trouvent les uns et les autres sur la photo ? Complète le texte à l'aide des prépositions *neben, zwischen, hinter* et *vor*.

Ex. *Isabel sitzt neben Nicolas.*

a. Mia sitzt . . . . Nicolas und Andreas.

b. . . . . Mia und Andreas liegt Wusel.

c. . . . . Wusel liegt Djamila.

d. . . . . Isabel steht Cyril.

e. . . . . Cyril und Florian stehen Katrin und Louise.

3 Note, après chaque phrase, si elle décrit une action (A) ou une position (P).

Ex. *Ich setze mich* (A) / *Ich sitze* (P).

a. Er setzt sich neben sie. (. . .)

b. Er sitzt neben ihr. (. . .)

c. Wohin setzt du dich? (. . .)

d. Ich möchte mich nicht setzen. (. . .)

e. Wo sitzt ihr? (. . .)

f. Wir sitzen hier. (. . .)

LA BOÎTE À OUTILS

Action ou position

Sich stellen (se mettre debout), *sich setzen* (s'asseoir), *sich legen* (se coucher) décrivent une **action**.
Stehen (être debout), *sitzen* (être assis), *liegen* (être couché) expriment un **état**.
Après les verbes d'action, les prépositions « mixtes » comme *neben* (à côté de), *zwischen* (entre), *hinter* (derrière) et *vor* (devant) entraînent l'accusatif (directif) : *Louise stellt sich zwischen Katrin und Florian / zwischen* ***sie*** *und* ***ihn***.
Après les verbes d'état, elles entraînent le datif (locatif) : *Sie steht hinter Mia und Nicolas / hinter* ***ihr*** *und* ***ihm***.

Feste und Festivals

Ein riesiger Krebs fliegt über den Ostseestrand in Damp.

Seit mehr als zehn Jahren findet dort Ende September ein internationales Drachenfest statt. Drachenpiloten aus vielen Ländern zeigen originelle Drachen in allen Formen und Farben.

Klassische Musik gibt es den ganzen Sommer beim Schleswig-Holstein-Musik-Festival. Konzerte mit international bekannten Solisten und Orchestern und mit jungen Musikern finden überall statt: In Konzertsälen und Kirchen, in Schlössern, Scheunen, Gärten und Parks.

N'hésite pas à consulter le mini-dictionnaire, page 54.

Compréhension

1 Vrai ou faux ?

a. Das Drachenfest findet im Herbst statt.

V F

b. Die Drachenpiloten kommen alle aus Deutschland.

V F

c. Ihre Drachen sind originell.

V F

2 Retrouve le singulier de chaque lieu où se produisent les musiciens.

a. Konzertsäle ....

b. Kirchen ....

c. Schlösser ....

d. Scheunen ....

e. Gärten ....

f. Parks ....

Grammaire et expression

3 Dans les groupes nominaux suivants, l'adjectif épithète porte la marque du genre. Note-le entre parenthèses.

Ex. *ein roter Drachen* (m.).

a. ein riesiger Krebs (. . .)
b. ein internationales Festival (. . .)
c. ein junger Musiker (. . .)
d. eine junge Solistin (. . .)
e. eine berühmte Regatta (. . .)
f. ein großer Weihnachtsmarkt (. . .)

Le sais-tu ?

Comme les Français, les Allemands aiment faire la fête. Pendant la belle saison, l'espace d'un week-end, de petites villes tranquilles se transforment en un lieu de fête bourdonnant, grâce à l'initiative de leurs habitants. Tout le monde y participe : les associations et les commerçants, les écoles et les particuliers. On dresse des tables en plein air, on déguste les spécialités locales, du hareng fumé au bœuf rôti à la broche, on bavarde et on danse au son des nombreux orchestres amateurs.

4 Voici trois autres événements festifs. Rédige des phrases à partir des éléments fournis dans le tableau.

Ex. *Ende Juni findet auf der Ostsee eine weltbekannte Segelregatta statt.*

wann? (cct)	wo? (ccl)	was? (sujet)
Ende Juni	auf der Ostsee	eine weltbekannte Segelregatta
im Juli	in Husum	ein internationales Figurentheaterfestival
im Dezember	in Lübeck	ein traditioneller Weihnachtsmarkt

a. . . . .
b. . . . .

LA BOÎTE À OUTILS

Le pluriel des noms

Il y a beaucoup plus de formes de pluriel en allemand qu'en français.
Un conseil : apprends chaque nom avec son genre **et** son pluriel.
Au datif, on ajoute un *-n* à tous les pluriels qui n'en ont pas, à l'exception des pluriels en *-s* :
Wo? In den Häusern. In den Städten. Auf den Schiffen. In den Kinos.

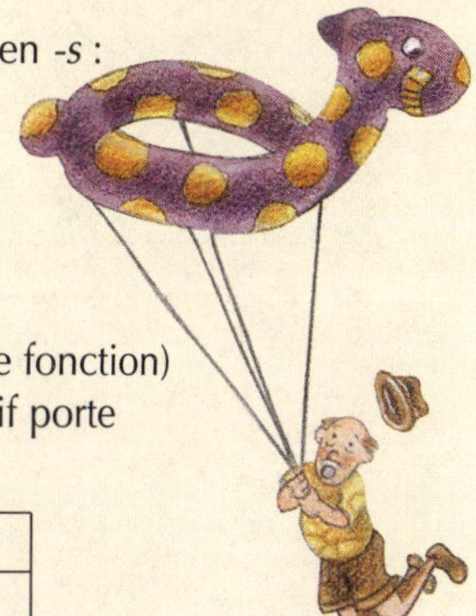

L'adjectif qualificatif

– Attribut, il est invariable : *Der Drachen ist originell.*
– Épithète, il précède le nom et se décline : *Das ist ein origineller Drachen.*
Dans un groupe nominal qui comporte un adjectif épithète, la marque (d'identité ou de fonction) doit apparaître une fois, soit sur le déterminatif, soit sur l'adjectif. Quand le déterminatif porte la marque, l'adjectif se termine en *-e* ou *-en*.

masculin	neutre	féminin	pluriel
ein schöner Tag	*ein schönes Fest*	*eine schöne Reise*	*schöne Ferien*
der schöne Tag	*das schöne Fest*	*die schöne Reise*	*die schönen Ferien*

Cocher c'est gagner !

Pour chacun des cinq exercices d'une même séquence, coche la bonne réponse. Après avoir consulté les corrigés (en p. 6 du cahier détachable), inscris ton score sur 5 dans la case prévue à cet effet. Si tu totalises moins de 3 points sur une séquence, nous te conseillons de la retravailler.

SÉQUENCE 11 (pp. 28-29)

1 Le datif est le cas...

a. du sujet. ❑
b. du COI. ❑
c. du COD. ❑

2 Pour poser la question « à qui ? », on utilise l'interrogatif...

a. wem ❑
b. wen ❑
c. wer ❑

3 Dans quel énoncé le possesseur est-il féminin ?

a. Die Kamera gehört der Fotografin. ❑
b. Die Brieftasche gehört einem Besucher. ❑
c. Die Gitarre gehört dem Sänger der Gruppe. ❑

4 Tu voudrais qu'un ami te prête son appareil photo.

a. Gib mir mal bitte dein Foto! ❑
b. Kann ich mal bitte deinen Fotoapparat haben? ❑
c. Gebt mir mal bitte seinen Fotoapparat! ❑

5 Tu demandes de l'aide à des amis.

a. Bitte helfen Sie mir! ❑
b. Helft mir bitte! ❑
c. Können Sie mir bitte helfen? ❑

TOTAL SÉQUENCE 11	/5

SÉQUENCE 12 (pp. 30-31)

1 Parmi ces noms de produits de consommation, lequel est un neutre ?

a. italienische Salami ❑
b. griechisches Olivenöl ❑
c. spanischer Wein ❑

2 *Vegetarier essen...*

a. keinen Schinken. ❑
b. kein Fleisch. ❑
c. keine Wurst. ❑

3 Tu n'aimes pas manger de salade. Que dis-tu ?

a. Der Salat schmeckt nicht. ❑
b. Ich möchte keinen Salat mehr. ❑
c. Ich mag keinen Salat. ❑

4 Tu en as assez de jouer au ping-pong.

a. Ich habe keine Lust mehr. ❑
b. Können wir noch eine Partie spielen? ❑
c. Ich habe leider keine Zeit mehr. ❑

5 Peter vient de partir.

a. Er ist noch nicht da. ❑
b. Er kommt gleich. ❑
c. Er ist nicht mehr da. ❑

TOTAL SÉQUENCE 12	/5

SÉQUENCE 13 (pp. 32-33)

1 Coche la phrase qui exprime une action.

a. Der Hund liegt auf dem Sofa. . . . . ❑
b. Die Katze springt auf das Sofa. . . . . ❑
c. Die Maus sitzt unter dem Sofa. . . . . ❑

2 Coche la phrase qui exprime un état.

a. Simone setzt sich neben Peter. . . . . ❑
b. Peter sitzt neben Mario. ❑
c. Mario legt ein Buch auf den Tisch. . . . . ❑

3 Tu demandes à une amie de s'asseoir à côté de toi.

a. Ich setze mich neben dich. . . . . ❑
b. Setz dich neben mich! . . . . ❑
c. Du sitzt neben mir. . . . . ❑

4 Repère l'erreur. Les prépositions « mixtes » telles que *an, in, auf, neben, vor, zwischen...*

a. entraînent le datif (locatif) après les verbes d'état. . . ❑
b. sont toujours suivies du datif. . . . . ❑
c. entraînent l'accusatif (directif) après les verbes d'action. . . . . ❑

5 *« Sandra et Mario vont en discothèque » se traduit par:*

a. Sie gehen in die Disco. . . . . ❑
b. Sie stehen in der Disco. . . . . ❑
c. Sie kommen aus der Disco. . . . . ❑

TOTAL SÉQUENCE 13	/5

SÉQUENCE 14 (pp. 34-35)

1 Tu entends une chanteuse à la radio et tu demandes son nom.

a. Wie heißt der Sänger? . . . . ❑
b. Wie heißen die Sänger? . . . . ❑
c. Wie heißt die Sängerin? . . . . ❑

2 Les noms en *-er* tels que *Vater, Mutter, Schwester, Schüler, Fenster, Sänger...*

a. sont tous des masculins. . . . . ❑
b. ne changent pas de terminaison au pluriel. . . . . . . ❑
c. désignent tous des personnes. . . . . ❑

3 Repère l'erreur. En allemand, lorsque l'adjectif qualificatif est attribut,...

a. il est invariable. . . . . ❑
b. il est précédé de *sein, bleiben, werden.* . . . . ❑
c. il s'accorde avec le nom. ❑

4 Dans quelle phrase l'adjectif est-il attribut ?

a. Das Konzert war sensationell. . . . . ❑
b. Die jungen Musiker kommen aus verschiedenen Ländern. . . . . ❑
c. Dieses internationale Musikfestival findet jeden Sommer statt. . . . . ❑

5 Dans quelle phrase le groupe nominal qui comporte un adjectif épithète est-il sujet ?

a. In Kiel gibt es im Juni eine internationale Segelregatta. . . . . ❑
b. Zum traditionellen Weihnachtsmarkt kommen viele Leute nach Lübeck. . . . . ❑
c. In Berlin findet im Sommer ein großes Filmfestival statt. . . . . ❑

TOTAL SÉQUENCE 14	/5

15

LES PRÉPOSITIONS – *GERN* – MOI AUSSI/MOI NON PLUS

Was ist mit Mia los?

Qu'est-ce qu'elle a, Mia ?

Beim Frühstück sitzt Mia wie immer neben Nicolas. Sie mag ihn, und er mag sie. Das wissen alle. Amélie kommt mit der Post. Sie hat Briefe für Louise, Andreas, Katrin und Cyril, ein Päckchen für Pierre und eins für Veronika, eine Postkarte für Sophie und eine für Nicolas. Er freut sich sehr.

Pomacanthus annularis
Océan Indo-Pacifique

Cher Nicolas,
Merci pour ta lettre.
Toujours amoureux ?
Elle s'appelle comment ?
Moi aussi, je vais très bien.
Je te raconterai.
Grosses bises. Cécile
P.S. Je reste chez mes grands-parents jusqu'au 15 août.

Nicolas Clavel
Ferienheim Lachmöwe
25932 Nieblum
Allemagne

Die Karte liegt auf dem Tisch. Mia sieht die drei Herzen und den Namen. Und jetzt spricht sie nicht mehr mit Nicolas. Er versteht nicht, was sie plötzlich gegen ihn hat.

Compréhension

1 Vrai ou faux ?

a. Mia und Nicolas mögen sich. V F
b. Das weiß niemand. V F
c. Nicolas bekommt eine Karte von seiner Schwester. V F
d. Cécile ist in Nicolas verliebt. V F
e. Mia ist wahrscheinlich eifersüchtig. V F

Grammaire et expression

2 **Complète le dialogue entre Katrin et Mia à l'aide des prépositions *mit, ohne, für, gegen, von.***

a. Katrin : Hier ist ein Brief . . . . dich.

b. Mia : . . . . wem?

c. Katrin : . . . . Nicolas. Warum sprichst du nicht mehr . . . . ihm? Was hast du . . . . ihn? . . . . dich ist er ganz traurig.

3 **Mia et Nicolas ont beaucoup de choses en commun. Complète leur portrait.**

Ex. *Sie segelt gern. Er segelt auch gern.*

a. Er geht gern ins Kino. . . . .

b. Sie ist nicht gern allein. . . . .

c. Er hat viele Freunde. . . . .

d. Sie interessiert sich für Musik. . . . .

e. Er verliert nicht gern. . . . .

Le sais-tu ?

En Allemagne, les amoureux effeuillent la pâquerette en soupirant :
Sie/Er liebt mich, *Elle/Il m'aime,*
ein wenig, *un peu,*
von Herzen,
de tout cœur,
mit Schmerzen,
à en souffrir, ganz ohnegleichen,
de manière inégalable,
gar nicht.
pas du tout.

4 **Mia envoie un mot à Nicolas. Rétablis l'orthographe et la ponctuation.**

ichbinumzweiuhramstrandkommbittealleinmia

. . . .

LA BOÎTE À OUTILS

→ *Les prépositions*
Les prépositions *mit* et *von* sont toujours suivies du datif.
En revanche, *für, gegen* et *ohne* entraînent toujours l'accusatif.

→ Gern
Pour dire qu'on aime (ou pas) faire quelque chose, on ajoute *(nicht) gern.*
Ich schwimme gern. Ich gehe nicht gern spazieren.

→ *Moi aussi, moi non plus*
Auch signifie « moi aussi » dans une phrase positive, et «moi non plus » dans une phrase négative :
Ich interessiere mich auch für Computerspiele. Ich mag auch keinen Fisch.

16

INTERDICTION – VERBES RÉFLÉCHIS – ADVERBES DE FRÉQUENCE

BITTE NICHT ANFASSEN!

Seehunde gibt es überall im Wattenmeer. Bei Ebbe sieht man sie auf den Sandbänken liegen. Dort ruhen sie sich aus.

Ein junger Seehund, der allein auf einer Sandbank liegt, ruft seine Mutter. Vielleicht ruft er: « Wo bist du? Was machst du? Wann kommst du endlich zurück? Ich langweile mich. »

Wahrscheinlich ist seine Mutter ganz in der Nähe im Wasser und sucht etwas zu fressen. Das wissen viele Touristen leider nicht. Sie glauben, dass der kleine Seehund seine Mutter verloren hat.

Ein guter Rat: Einen jungen Seehund bitte nicht anfassen! Seine Mutter kommt sicher bald zurück.

N'hésite pas à consulter le mini-dictionnaire, page 54.

Compréhension

1 **Un jeune phoque appelle sa mère. Note son message en français.**

. . . .

. . . .

2 **Quel bon conseil, dans le texte, donne-t-on aux touristes ?**

. . . .

. . . .

Grammaire et expression

Le sais-tu ?

Autrefois, les phoques venaient jusque sur les plages de la mer du Nord. L'urbanisation et le tourisme les en ont chassés. Aujourd'hui, leur santé est menacée par les rejets de matières toxiques et le bruit.

3 **La nurserie de Friedrichskoog, ouverte au public, recueille les bébés phoques en détresse. Formule les consignes pour les visiteurs de façon plus personnelle.**

Ex. *Die Tiere bitte nicht anfassen!*

→ *Fassen Sie die Tiere bitte nicht an!*

a. Den Tieren bitte nichts zu fressen geben!

. . . .

. . . .

b. Die Tiere bitte nicht mit Blitzlicht fotografieren!

. . . .

. . . .

4 **Résume ce que disent les jeunes à propos de l'ennui.**

Ex. *Katrin : Ich langweile mich selten.* → *Katrin langweilt sich selten.*

a. Andreas : Ohne meine Freunde langweile ich mich. . . . .

. . . .

b. Max und Mia : Zusammen langweilen wir uns nie. . . . .

. . . .

c. Uli : Ich langweile mich manchmal in der Schule. . . . .

. . . .

d. Sophie : Ich gehe nicht auf Partys, weil ich mich dort immer langweile. . . . .

. . . .

LA BOÎTE À OUTILS

→ *L'interdiction*

Elle est exprimée :

– de façon impersonnelle par l'infinitif : *Die Tiere bitte nicht anfassen!* (Prière de ne pas toucher les animaux !)

– de façon personnelle par l'impératif : *Fassen Sie die Tiere bitte nicht an!*

On en rend compte à l'aide de *nicht dürfen* (ne pas avoir le droit) : *Man darf/Sie dürfen die Tiere nicht anfassen.* (On n'a pas le droit/Vous n'avez pas le droit de toucher les animaux.)

→ *Les verbes réfléchis*

Sich langweilen (s'ennuyer).

Singulier : *ich langweile mich, du langweilst dich, er/sie langweilt sich.*

3e personne du pluriel : *sie langweilen sich.*

→ *Les adverbes de fréquence*

immer (toujours) ; *oft* (souvent) ; *manchmal* (parfois) ; *selten* (rarement) ; *nie* (jamais).

17 LE PARFAIT – LA SUBORDONNÉE

DER KLABAUTERMANN

Selon la légende, un bon génie, le Klabautermann, *guide les navires à travers la tempête.*

Jan Olaf war Matrose auf einem Viermaster. Eines Tages, mitten auf dem Atlantik, hat es einen fürchterlichen Sturm gegeben. Alle haben geglaubt, dass ihre letzte Stunde gekommen ist. Da haben sie plötzlich den Klabautermann gesehen. Er hat das Schiff durch den Sturm gesteuert und sie alle gerettet.

Eine Woche später liegt das Schiff im Hamburger Hafen. Jan Olaf putzt das Deck, da hört er zwei feine Stimmen. Das waren zwei Klabautermänner:

– *Und warum willst du das Schiff verlassen?*

– *Weil der Kapitän ein undankbarer Mann ist. Er erzählt überall, dass er das Schiff gerettet hat. Von mir kein Wort.*

Da hat Jan Olaf schnell seinen Seesack geholt und das Schiff verlassen. Und das war gut so.

Zwei Wochen später ist das Schiff in einem Sturm untergegangen.

N'hésite pas à consulter le mini-dictionnaire, page 54.

Compréhension

1 Relis l'histoire, retrouve les extraits suivants et note-les.

a. Un jour, au milieu de l'Atlantique, il y a eu une tempête terrible.

....

b. Tous ont cru que leur dernière heure était arrivée.

....

c. Jan Olaf nettoie le pont. Alors, il entend deux petites voix.

....

Grammaire et expression

2 Dans une lettre à sa grand-mère, Katrin raconte l'excursion du groupe. Complète chaque phrase avec un des éléments ci-dessous et conjugue le verbe au parfait.

Ex. *Letzte Woche haben wir einen Ausflug gemacht (machen).*

in der Ostsee   nach Schleswig

am Strand   das Wikinger-Museum

einen Ausflug

a. Wir .... (fahren).
b. Dann .... wir .... (besichtigen).
c. Wir .... (baden).
d. Uli .... uns .... (fotografieren).

Le sais-tu ?

Deux os de baleine se dressent devant le musée de Föhr. Jusqu'au XVIIIe siècle, la majorité des hommes de la Frise du Nord pêchaient la baleine. Pendant que leurs femmes s'occupaient des bêtes, des champs et des enfants, ils passaient de longs mois en mer pour traquer ces grands cétacés, très recherchés pour leur graisse, leurs os et leur viande.

3 Voici la suite de la lettre. Complète le résumé.

Ex. *Katrin schreibt: « Ich komme im August nach Nürnberg. »*
→ *Sie schreibt, dass sie im August nach Nürnberg kommt.*

a. « Ich möchte zwei Wochen bleiben. »
Sie schreibt, dass sie ....

b. « Darf ich meine Freundin Louise mitbringen? »
Sie fragt, ob sie ....

LA BOÎTE À OUTILS

Le parfait
Ce temps du passé correspond à peu près au passé composé français. Il se construit avec les auxiliaires *haben* ou *sein* et le participe passé du verbe :
– *gefahren sein : Ich **bin** nach Föhr **gefahren** ; besichtigt haben : Ich **habe** ein Museum **besichtigt**.*
Les verbes de mouvement (*gehen, kommen*, etc.), ainsi que *bleiben* (rester) se conjuguent avec l'auxiliaire *sein*.

La subordonnée
Elle est séparée de la proposition principale par une virgule et introduite par une conjonction telle que *dass* (que), *ob* (si) ou *weil* (parce que). Le sujet de la subordonnée et le verbe conjugué, qui se trouve en dernière position, encadrent tous les autres éléments : *Jan Olaf weiß, daß **der Klabautermann** das Schiff gerettet **hat**. Katrin möchte wissen, ob **sie** ihre Freundin nach Nürnberg mitbringen **darf**.*

AUF WIEDERSEHEN!

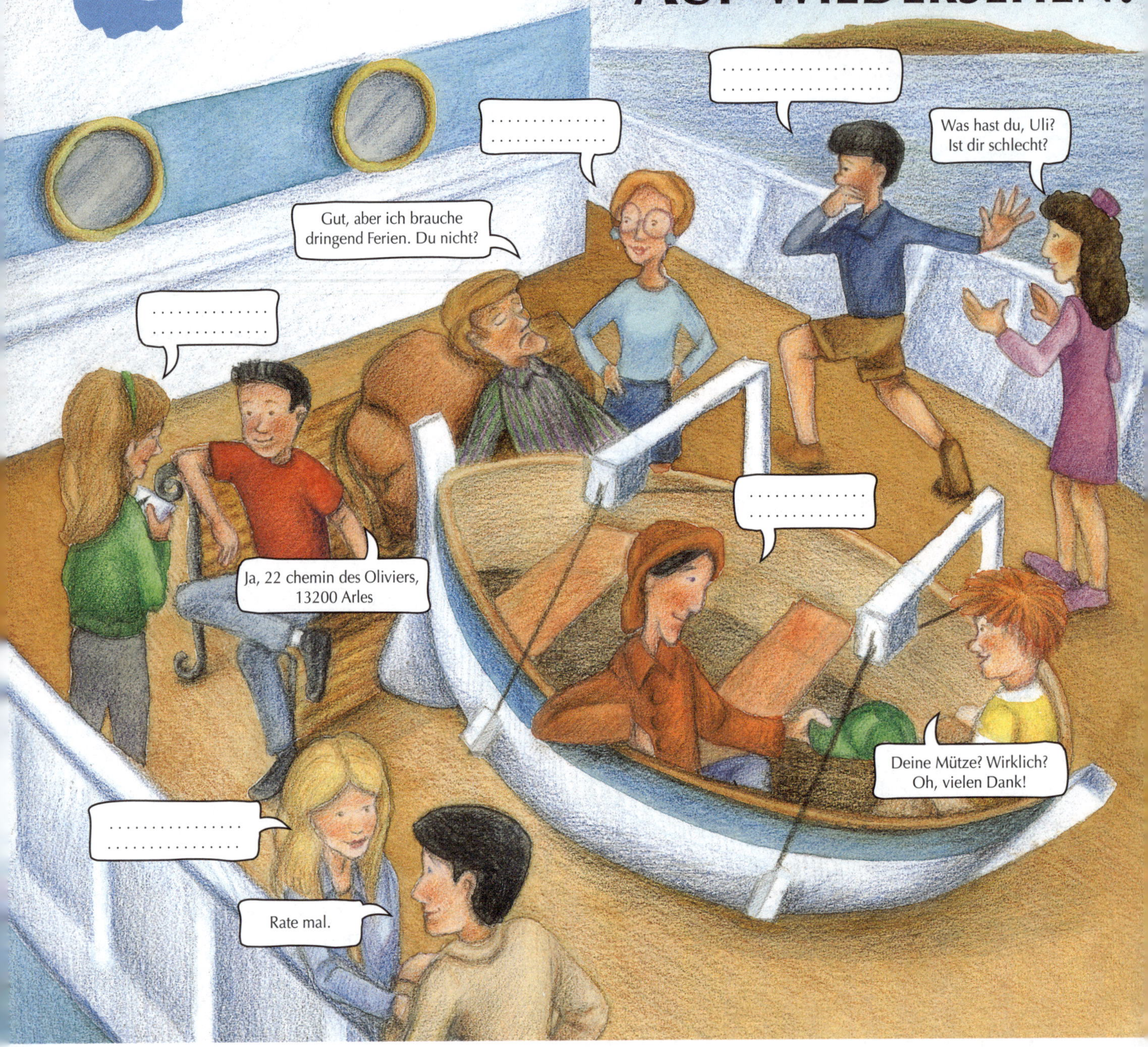

N'hésite pas à consulter le mini-dictionnaire, page 54.

Compréhension

1 Remplis les bulles vides en te servant des phrases ci-dessous.

a. Na, Stefan, wie geht's?
b. Schreibst du mir?
c. Hier, ich schenke sie dir.
d. Gibst du mir deine Adresse?
e. Moment, ich komme gleich wieder.

Grammaire et expression

2 **Florian et Cyril ont rédigé le bilan du séjour dans leur langue respective. Écris la version manquante.**

a. Wir haben uns nicht gelangweilt.

. . . .

b. . . . .

Nous avons vu beaucoup de choses.

c. Wir haben uns gut verstanden.

. . . .

d. . . . .

Nous sommes devenus amis.

3 **Isabel raconte ses vacances à ses parents. Souligne, dans chaque phrase, l'auxiliaire (*haben* ou *sein*) et le participe passé.**

a. Wir sind jeden Tag an den Strand gegangen.
b. Wir sind Rad gefahren.
c. Wir sind gesegelt.
d. Wir haben Minigolf, Volleyball und Karten gespielt.
e. Wir haben nicht viel geschlafen.
f. Ich habe sehr viele nette Leute kennengelernt.
g. Ich habe mich nicht gelangweilt.

Le sais-tu?

La plupart des écoles allemandes, suisses et autrichiennes disposent d'un télécopieur et d'une adresse électronique. Alors pourquoi ne pas chercher à entrer en contact avec une classe de jeunes de ton âge qui apprennent le français ? Pour toi et tes camarades, ce serait un excellent moyen de mettre en pratique vos connaissances et de vous faire des amis – en attendant d'aller leur rendre visite ou de les recevoir chez vous. Apprendre la langue de ses voisins, c'est la meilleure façon de les connaître et de construire l'avenir avec eux.

4 **Vrai ou faux ?**
Entoure la bonne réponse.

a. Les verbes de mouvement se conjuguent avec l'auxiliaire *sein*. **V** **F**
b. Les verbes réfléchis se conjuguent avec l'auxiliaire *sein*. **V** **F**
c. Le participe passé des verbes irréguliers (*gehen*, *verstehen*, *schlafen*, etc.) se termine en *-en*. **V** **F**
d. Le participe passé des verbes réguliers se termine en *-t*. **V** **F**

LA BOÎTE À OUTILS

Le parfait en quelques exemples

– Verbes réguliers :
Volleyball spielen : Wir haben Volleyball gespielt.
ein Museum besichtigen : Wir haben ein Museum besichtigt.
segeln : Wir sind (haben) gesegelt.
sich ausruhen : Wir haben uns ausgeruht.
sich gut amüsieren : Wir haben uns gut amüsiert.

– Verbes irréguliers :
Rad fahren : Wir sind Rad gefahren.
schwimmen gehen : Wir sind schwimmen gegangen.
viel schlafen : Wir haben viel geschlafen.
Postkarten schreiben : Wir haben Postkarten geschrieben.
braun werden (bronzer) : *Wir sind braun geworden.*

COCHER C'EST GAGNER !

Pour chacun des cinq exercices d'une même séquence, coche la bonne réponse. Après avoir consulté les corrigés (en p. 6 du cahier détachable), inscris ton score sur 5 dans la case prévue à cet effet. Si tu totalises moins de 3 points sur une séquence, nous te conseillons de la retravailler.

SÉQUENCE 15 (pp. 38-39)

1 Trouve l'énoncé juste. Les prépositions *bei, von* et *zu*...
a. sont toujours suivies du datif. . . . . ❑
b. sont suivies tantôt du datif, tantôt de l'accusatif. . . . ❑
c. entraînent toujours l'accusatif. . . . . ❑

2 Tu veux savoir de qui parlent tes amis.
a. Mit wem sprecht ihr? . . . . ❑
b. Wer spricht von euch? . . . . ❑
c. Von wem sprecht ihr? . . . . ❑

3 *Sandra geht an den Strand, Peter nicht.*
a. Sie geht ohne ihn. . . . . ❑
b. Er geht mit ihr. . . . . ❑
c. Sie bleibt bei ihm. . . . . ❑

4 Ton ami ne semble pas avoir le moral. Que lui demandes-tu ?
a. Bist du krank? . . . . ❑
b. Was hast du gegen mich? . . . . ❑
c. Was ist mit dir los? . . . . ❑

5 Tu n'aimes pas beaucoup la musique « techno ».
a. Ich höre nicht sehr gern Techno. . . . . ❑
b. Ich höre nicht sehr oft Techno. . . . . ❑
c. Techno finde ich nicht schlecht. . . . . ❑

TOTAL SÉQUENCE 15	/5

SÉQUENCE 16 (pp. 40-41)

1 Quelle phrase exprime une interdiction ?
a. Svenja kann nicht kommen, weil sie keine Zeit hat. . . ❑
b. Jan hat keine Lust zu kommen. . . . . ❑
c. Tim darf nicht kommen. Seine Eltern wollen es nicht. ❑

2 Tu demandes poliment à un ami de fermer la fenêtre.
a. Fenster zu, aber schnell! . . . . ❑
b. Mach bitte das Fenster zu! . . . . ❑
c. Machst du jetzt endlich das Fenster zu? . . . . ❑

3 Tout le monde rentre au foyer. Avec un ami, tu demandes l'autorisation de rester encore un peu.
a. Dürfen wir noch etwas bleiben? . . . . ❑
b. Können Sie noch etwas bleiben? . . . . ❑
c. Warum müssen wir jetzt gehen? . . . . ❑

4 Sandra se coiffe.
a. Sie kämmen sich. . . . . ❑
b. Sie kämmt sie. . . . . ❑
c. Sie kämmt sich. . . . . ❑

5 Toujours, souvent, parfois, rarement, jamais. Quelle série présente les adverbes de fréquence dans cet ordre ?
a. Immer, manchmal, selten, nie, oft . . . . ❑
b. Immer, oft, manchmal, selten, nie . . . . ❑
c. Immer, oft, nie, selten, manchmal . . . . ❑

TOTAL SÉQUENCE 16	/5

SÉQUENCE 17 (pp. 42-43)

1 Repère l'erreur. Le parfait...

a. est un temps composé du passé. . . . . ❑
b. se construit toujours avec l'auxiliaire *haben*. . . . . . . ❑
c. se construit avec *haben* ou *sein* et le participe passé. . ❑

2 Coche la série de verbes qui se conjuguent avec l'auxiliaire *sein*.

a. gehen, fahren, kommen . . . . ❑
b. sich setzen, sich freuen, sich langweilen . . . . ❑
c. machen, spielen, fotografieren . . . . ❑

3 Quel participe passé ne correspond pas à l'infinitif ?

a. verstehen / verstanden . . . . ❑
b. machen / gemalt . . . . ❑
c. kommen / gekommen . . . . ❑

4 Repère l'erreur. *Ich gehe nach Hause, weil ich müde bin.*

a. Cette phrase se compose d'une proposition principale et d'une subordonnée. . . . . ❑
b. La subordonnée est introduite par une conjonction de coordination. . . . . ❑
c. Le verbe conjugué de la subordonnée se trouve en dernière position. . . . . ❑

5 Coche la série des conjonctions de subordination.

a. und, aber, oder, denn . . . . ❑
b. gestern, heute, morgen . . . . ❑
c. weil, dass, ob . . . . ❑

TOTAL SÉQUENCE 17	/5

SÉQUENCE 18 (pp. 44-45)

1 Parmi les trois séries de participes passés, coche celle composée de verbes réguliers.

a. gelernt, aufgemacht, besichtigt . . . . ❑
b. gelaufen, angekommen, abgefahren, verstanden . . . ❑
c. geschrieben, genommen, vergessen . . . . ❑

2 Quels verbes ne se conjuguent pas avec le même auxiliaire qu'en français ?

a. les verbes de mouvement . . . . ❑
b. les verbes qui ont un COD . . . . ❑
c. les verbes réfléchis . . . . ❑

3 Tu demandes à une amie si ses vacances lui ont plu.

a. Gefallen dir deine Ferien? . . . . ❑
b. Wie war das Wetter in den Ferien? . . . . ❑
c. Waren deine Ferien schön? . . . . ❑

4 Tu dis à tes amis que tu leur écriras.

a. Ich schreibe euch. . . . . ❑
b. Ich schreibe Ihnen. . . . . ❑
c. Ich schreibe nicht gern. ❑

5 À l'année prochaine !

a. Bis bald! . . . . ❑
b. Bis morgen! . . . . ❑
c. Bis zum nächsten Jahr! . . . . ❑

TOTAL SÉQUENCE 18	/5

AIDE-MÉMOIRE

Grammaire

Adjectif épithète

Il fait partie du groupe nominal et se trouve toujours placé devant le nom. Contrairement à l'adjectif attribut, il se décline : *ein junger Mann.*
Lorsque le déterminatif porte la marque du genre, il porte une simple terminaison **-e** ou **-en** :
*das schön**e** Wetter, einen schön**en** Mantel.*
Sans déterminatif, il porte la marque du genre :
*schön**e** Musik, warm**es** Wasser.*

Adjectifs numéraux cardinaux

Ils s'écrivent en un seul mot.
L'unité précède la dizaine.

0 null	7 sieben	17 siebzehn
1 eins	8 acht	20 zwanzig
2 zwei	9 neun	21 einundzwanzig
3 drei	10 zehn	30 dreißig
4 vier	11 elf	50 fünfzig
5 fünf	12 zwölf	70 siebzig
6 sechs	16 sechzehn	90 neunzig

100 (ein)hundert — 1 000 (ein)tausend
200 zweihundert — 1 000 000 eine Million
999 neunhundertneunundneunzig

Adjectifs numéraux ordinaux

Les adjectifs numéraux ordinaux s'emploient et se déclinent comme des **adjectifs épithètes**.
– Jusqu'à 19, on écrit : numéral **cardinal + -te**
der, das, die zweite, vierte, fünfte, sechste, achte, neunte, zehnte… neunzehnte.
Exceptions : *der, das, die erste, dritte, siebte.*
– À partir de 20, on écrit : numéral **cardinal + -ste**
der, das, die zwanzigste, siebenundzwanzigste, hundertste, tausendste…
Écrits en chiffre(s), ils sont suivis d'un point :
der 1. Mai : le premier mai.

Adverbes

– de temps :
gestern (hier), **heute** (aujourd'hui), **morgen** (demain), **zuerst** (d'abord), **dann**, **danach** (ensuite), **jetzt** (maintenant), **gleich** (tout à l'heure), **bald** (bientôt), **immer** (toujours), **nie** (jamais).
– de lieu (répondant à la question *Wo?*) :
hier (ici), **da**, **dort** (là, là-bas), **links** (à gauche), **rechts** (à droite), **vorn** (à l'avant), **hinten** (à l'arrière), **oben** (en haut), **unten** (en bas), **überall** (partout).
– autres adverbes fréquents :
auch (aussi), **sicher** (sûrement), **vielleicht** (peut-être), **wahrscheinlich** (vraisemblablement).

Article défini

Au singulier, il porte toujours la marque du genre ; au pluriel, cette distinction de genre disparaît.

	Singulier			**Pluriel**
	m.	**n.**	**f.**	
Nom.	der	das	die	die
Acc.	den	das	die	die
Dat.	dem	dem	der	den
Gén.	des	des	der	der

Article indéfini

L'article indéfini ne porte pas toujours la marque du genre. Il n'a pas de pluriel.

	Singulier			**Pluriel**
	m.	**n.**	**f.**	
Nom.	ein	ein	eine	–
Acc.	einen	ein	eine	–
Dat.	einem	einem	einer	–
Gén.	eines	eines	einer	–

Heure

Pour demander l'heure, on peut dire :
Wieviel Uhr ist es? ou *Wie spät ist es?*

9.00	*Es ist neun Uhr.*
9.10	*Es ist zehn (Minuten)* ***nach*** *neun.*
9.15	*Es ist* ***viertel nach*** *neun.*
9.20	*Es ist zwanzig* ***nach*** *neun.*
9.30	*Es ist* ***halb*** *zehn.*
9.35	*Es ist fünf* ***nach halb*** *zehn.*
9.45	*Es ist viertel* ***vor*** *zehn.*
9.55	*Es ist fünf* ***vor*** *zehn.*
10.00	*Es ist zehn Uhr.*

Remarques :
– Dans le sud et l'est de l'Allemagne, la façon de dire l'heure est différente pour les quart et trois quarts d'heure :

9.15	*Es ist viertel zehn.*
9.45	*Es ist dreiviertel zehn.*

– L'heure annoncée à la télévision, à la radio, à la gare, etc. diffère de celle employée couramment :

9.15	*Es ist neun Uhr fünfzehn.*
19.55	*Es ist neunzehn Uhr fünfundfünfzig.*

Négation

– La négation avec **nicht** s'emploie pour nier un groupe verbal élargi ou non par un adjectif, un adverbe ou un groupe nominal défini.

GV	GV
mitkommen	*nett sein*
GV nié	GV nié
nicht mitkommen	*nicht nett sein*
Phrase négative	Phrase négative
Ich komme nicht mit.	*Das ist nicht nett.*

– Pour nier un groupe verbal qui comporte un groupe nominal indéfini, on utilise l'article négatif **kein**.

GV	GV
ein Eis essen	*Zeit haben*
GV nié	GV nié
kein Eis essen	*keine Zeit haben*
Phrase négative	Phrase négative
Ich esse kein Eis.	*Ich habe keine Zeit.*

– Autres négations : **niemand** (personne), **nichts** (rien), **nie** (jamais).
Niemand versteht mich. Ich verstehe nichts. Das schaffe ich nie. (Personne ne me comprend. Je ne comprends rien. Je n'y arriverai jamais.)

Interrogatifs

Ils commençent tous par la lettre « w ».
– **welcher, welches, welche** (quel, quelle, quel[le]s),
– **was für ein, eine** (quelle sorte de, quel genre de),
– **wer** (qui, sujet, nominatif),
– **wen** (qui, COD, accusatif),
– **wem** (à qui, COI, datif),
– **mit wem** (avec qui),
– **was** (que, qu'est-ce que, quoi),
– **wo** (où, locatif),
– **wohin** (où, directif),
– **woher** (d'où),
– **wann** (quand),
– **wie** (comment),
– **wie lange** (combien de temps),
– **wie oft** (combien de fois),
– **warum** (pourquoi),
– **wieviel** (combien [de]).

Prépositions

– Certaines prépositions introduisent un groupe nominal à l'**accusatif** :
durch (à travers, par), **für** (pour), **gegen** (contre), **ohne** (sans), **um** (autour de).
– Certaines prépositions introduisent un groupe nominal au **datif** :
aus (de, hors de), **bei** (chez + localisation), **mit** (avec), **nach** (après, vers), **seit** (depuis), **von** (de), **zu** (chez, à + direction).
– Certaines prépositions, « mixtes », introduisent un groupe nominal à l'**accusatif** ou au **datif** :
in (dans), **an** (à, au bord de), **auf** (sur), **vor** (devant), **hinter** (derrière), **über** (au-dessus de), **unter** (sous), **neben** (à côté de), **zwischen** (entre).
Suivies du **datif**, les prépositions **vor** et **in** s'emploient pour situer un événement par rapport au temps présent :
vor einer Woche (il y a une semaine) ;
in zwei Wochen (dans deux semaines).

Conjugaison

Auxiliaires de temps *sein, haben* et *werden*

– Présent

	sein	haben	werden
ich	bin	habe	werde
du	bist	hast	wirst
er/es/sie	ist	hat	wird
wir	sind	haben	werden
ihr	seid	habt	werdet
sie/Sie	sind	haben	werden

– Prétérit

	sein	haben	werden
ich	war	hatte	wurde
du	warst	hattest	wurdest
er/es/sie	war	hatte	wurde
wir	waren	hatten	wurden
ihr	wart	hattet	wurdet
sie/Sie	waren	hatten	wurden

Futur

Le futur est un temps composé qui se construit avec l'auxiliaire **werden** conjugué et l'infinitif du verbe :
Das werde ich nie vergessen.
Cependant, le futur est très souvent exprimé par le présent, en particulier quand le contexte indique clairement que l'action ou l'état se situe dans l'avenir :
In zehn Minuten bin ich bei dir.
(Dans dix minutes, je serai chez toi.)

Parfait

Le parfait est un temps composé du passé qui correspond au passé composé français.
Pour les verbes exprimant un changement de lieu ou d'état, ainsi que pour **bleiben** et **sein**, il se construit avec l'auxiliaire **sein** conjugué et le participe passé :
Ich bin ins Kino gegangen.
Er ist zu Hause geblieben.
Pour tous les autres verbes, y compris les verbes réfléchis, il se construit avec l'auxiliaire **haben** conjugué et le participe passé :
Ich habe meine Oma besucht. Sie hat sich gefreut, mich zu sehen. (Je suis allé[e] voir ma grand-mère. Elle s'est réjouie de me voir.)

Auxiliaires de mode

Les verbes de modalité sont **wollen** (vouloir), **können** (pouvoir, savoir faire), **dürfen** (avoir le droit), **müssen** (devoir, falloir).
Remarques :
– Au présent singulier, leur voyelle radicale est différente de celle de l'infinitif.
– Au présent et au prétérit, les 1re et 3e personnes du singulier sont identiques, de même que les 1re et 3e personnes du pluriel.
– Le verbe **wissen** (savoir) a, au présent et au prétérit, les mêmes terminaisons qu'un verbe de modalité :
Ich weiss (je sais) ; *ich wusste* (je savais).

Présent :

ich	*will, kann, darf, muss*
du	*willst, kannst, darfst, musst*
er, es, sie	*will, kann, darf, muss*
wir	*wollen, können, dürfen, müssen*
ihr	*wollt, könnt, dürft, müsst*
sie, Sie	*wollen, können, dürfen, müssen*

Prétérit :

ich	*wollte, konnte, durfte, musste*
du	*wolltest, konntest, durftest, musstest*
er, es, sie	*wollte, konnte, durfte, musste*
wir	*wollten, konnten, durften, mussten*
ihr	*wolltet, konntet, durftet, musstet*
sie, Sie	*wollten, konnten, durften, mussten*

Présent

À l'exception de **sein** et des auxiliaires de mode, tous les verbes ont les terminaisons suivantes :

-e, -st, -t, -en, -t, -en

ich	*spiele, warte, schlafe, gebe*
du	*spielst, wartest, schläfst, gibst*
er, es, sie	*spielt, wartet, schläft, gibt*
wir	*spielen, warten, schlafen, geben*
ihr	*spielt, wartet, schlaft, gebt*
sie, Sie	*spielen, warten, schlafen, geben*

Remarques :

– Pour faciliter la prononciation de certains verbes, on intercale un *« e »* entre le radical et les terminaisons **-st** et **-t** *(wartest, wartet).*

– Certains verbes irréguliers présentent une inflexion *(Umlaut)* aux 2e et 3e personnes du singulier, ce qui signifie que leur voyelle radicale est modifiée par rapport à celle de l'infinitif :

a/ä : *(schlafen) ich schlafe, du schläfst, er schläft*

e/i(e) : *(geben) ich gebe, du gibst, er gibt*

(nehmen) ich nehme, du nimmst, er nimmt

(sehen) ich sehe, du siehst, er sieht

Participe passé

On l'utilise pour construire le passé composé (parfait). Sa formation varie selon les types de verbes :

– Verbes **réguliers**

ge- + radical + **-t** ou **-et**

machen ➛ *gemacht*   *warten* ➛ *gewartet*

– Verbes **irréguliers**

ge- + radical + **-en**

sehen ➛ *gesehen*   *kommen* ➛ *gekommen*

ge- + radical (modifié) + **-en**

gehen ➛ *gegangen*   *trinken* ➛ *getrunken*

– Verbes **« mixtes »**

ge- + radical modifié + **-t**

bringen ➛ *gebracht*   *denken* ➛ *gedacht*

– Verbes **composés** réguliers ou irréguliers

Le préverbe accentué est soudé au participe passé du verbe simple :

aufmachen ➛ *aufgemacht*

mitkommen ➛ *mitgekommen*

– Verbes sans **ge-** au participe passé

Tous les verbes réguliers et irréguliers non accentués sur la première syllabe :

besuchen ➛ *besucht*   *erzählen* ➛ *erzählt*

telefonieren ➛ *telefoniert*   *verlieren* ➛ *verloren*

verbringen ➛ *verbracht*   *entdecken* ➛ *entdeckt*

Pour réviser les verbes irréguliers et leur participe passé, consulte la liste, page 52.

Prétérit

Ce temps simple du passé qu'on emploie pour la narration écrite (journaux, livres) correspond, selon le contexte, à l'imparfait ou au passé (simple ou composé) français.

Il se construit différemment selon la nature des verbes.

– Verbes réguliers : radical + **-te** + marques

Er telefonierte.

– Verbes irréguliers : radical modifié + marques

Sie schlief.

– Verbes mixtes et verbes de modalité :

radical modifié + **-te** + marques

Er wollte nicht.

Les marques, pour tous les verbes, sont :

ich	–
du	**-st**
er/es/sie	–
wir	**-(e)n**
ihr	**-t**
sie/Sie	**-(e)n**

Dans ce *Passeport*, nous te présentons le prétérit des auxiliaires de temps et de mode. Reporte-toi aux encadrés de conjugaison, p. 50.

Verbes irréguliers

Voici une liste de verbes à conjugaison irrégulière, accompagnés de leur participe passé. Les participes en italique indiquent que les temps composés du verbe se conjuguent avec l'auxiliaire **sein** ; tous les autres verbes se conjuguent avec l'auxiliaire **haben**.

anfangen	**angefangen**	commencer
anrufen	**angerufen**	téléphoner
ankommen	***angekommen***	arriver
ansehen	**angesehen**	regarder
aufstehen	***aufgestanden***	se lever (qn)
beginnen	**begonnen**	commencer
bekommen	**bekommen**	recevoir
bieten	**geboten**	offrir
bitten	**gebeten**	prier, demander
bleiben	***geblieben***	rester
bringen	**gebracht**	apporter
denken	**gedacht**	penser
einladen	**eingeladen**	inviter
erfinden	**erfunden**	inventer
essen	**gegessen**	manger
fahren	***gefahren***	aller ; conduire
fallen	***gefallen***	tomber
finden	**gefunden**	trouver
fliegen	***geflogen***	voler (dans l'air)
geben	**gegeben**	donner
gehen	***gegangen***	aller, marcher
gewinnen	**gewonnen**	gagner ; vaincre
heißen	**gehießen**	s'appeler
helfen	**geholfen**	aider
kennen	**gekannt**	connaître
kommen	***gekommen***	venir ; arriver
lassen	**(ge)lassen**	laisser
laufen	***gelaufen***	courir
lesen	**gelesen**	lire
liegen	**gelegen**	être (couché, situé)
mitbringen	**mitgebracht**	amener, apporter
nehmen	**genommen**	prendre
nennen	**genannt**	nommer, appeler
raten	**geraten**	conseiller ; deviner
rufen	**gerufen**	appeler
scheinen	**geschienen**	briller ; sembler
schlafen	**geschlafen**	dormir
schreiben	**geschrieben**	écrire
schwimmen	***geschwommen***	nager
sehen	**gesehen**	voir
singen	**gesungen**	chanter
sitzen	**gesessen**	être assis
sprechen	**gesprochen**	parler
springen	***gesprungen***	sauter
stehen	**gestanden**	être debout
tragen	**getragen**	porter
treffen	**getroffen**	rencontrer
trinken	**getrunken**	boire
tun	**getan**	faire
vergessen	**vergessen**	oublier
verlassen	**verlassen**	quitter
verlieren	**verloren**	perdre
verschwinden	***verschwunden***	disparaître
waschen	**gewaschen**	laver

CARTE DE L'ALLEMAGNE

La république fédérale d'Allemagne *(Bundesrepublik Deutschland)* se compose de 16 *Länder* (régions administratives et politiques). Certains *Länder*, tels que la Bavière ou la Basse-Saxe, sont très étendus, d'autres (Brême, Hambourg, Berlin) n'excèdent pas la taille de l'agglomération urbaine. Chaque *Land* a une capitale et un gouvernement régional. Berlin est la capitale fédérale et le siège du gouvernement fédéral. La superficie de l'Allemagne est de 356 758 km^2, et sa population s'élève à 81,8 millions. L'Allemagne est membre de l'Union européenne (U. E.).

MINI-DICTIONNAIRE

Verbes irréguliers : voir page 52 / entre parenthèses, le pluriel des noms

A

ab/fahren : partir
Abfahrt *f.* : départ
Altstadt *f.* : vieille ville
an/fangen : commencer
an/fassen : toucher
an/kommen : arriver
Ankunft *f.* : arrivée
Anorak *m. (-s)* : anorak
Apparat *m. (-e)* : appareil
Arbeitstag *m.* : journée de travail
auf/hören : s'arrêter
auf/machen : ouvrir
auf/stehen : se lever
Ausflug *m. (¨-e)* : excursion
aus/ruhen (sich –) : se reposer

B

backen : faire cuire
Badeanzug *m. (¨-e)* : maillot de bain (de femme)
Badehose *f. (-n)* : maillot de bain (d'homme)
Badesachen *pl.* : affaires de bain
Badetuch *n. (¨-er)* : serviette de bain
bald : bientôt
Bauernhof *m. (¨-e)* : ferme
Baum *m. (¨-e)* : arbre
bedeuten : signifier
beeilen (sich –) : se dépêcher
bekannt : connu
bekommen : recevoir
berühmt : célèbre
besichtigen : visiter
Besitzer *m. (–)* : propriétaire
Bild *n. (-er)* : photo, image, tableau
bisschen (ein –) : un peu
bitten : demander, prier
Blitzlicht *n.* : flash
Blume *f. (-n)* : fleur
brauchen : avoir besoin de
breit : large
Brieftasche *f. (-n)* : portefeuille
Brille *f. (-n)* : lunettes
Brot *n. (-e)* : pain
Buch *n. (¨-er)* : livre
Bundesland *n. (¨-er)* : région (adm.)
Butter *f.* : beurre

D-E

dauern : durer
Deck *n.* : pont (bateau)
Deich *m. (-e)* : digue
dort : là(-bas)
Drachen *m. (–)* : cerf-volant
draußen : à l'extérieur
drehen : tourner
drin(nen) : à l'intérieur
dringend : urgent
Durst *m.* : soif
Ebbe *f.* : marée basse
Ei *n. (-er)* : œuf
eifersüchtig : jaloux
ein/laden : inviter
Einwohner *m. (–)* : habitant
Eis *n.* : glace
endlich : enfin
entfernt : éloigné
Erdbeere *f. (-n)* : fraise
erzählen : raconter
Esssaal *m.* : salle à manger, réfectoire
etwas *m.* : quelque chose, un peu

F

Fähre *f. (-n)* : bac, ferry
Fahrkarte *f. (-n)* : billet
Farbe *f. (-n)* : couleur
Farbstift *m. (-e)* : crayon de couleur
Fass *m. (¨-sser)* : tonneau
fein : fin
Ferien *pl.* : vacances
Ferienheim *n. (-e)* : foyer de vacances
Fernseher *m. (–)* : téléviseur
Figurentheater *n. (–)* : théâtre de marionnettes
finden : trouver
Fischer *m. (–)* : pêcheur
Flaschenschiff *n. (-e)* : bateau dans une bouteille
Fleisch *n.* : viande, chair
fliegen : voler (air)
Flut *f.* : marée montante
Fotoapparat *m. (-e)* : appareil photo
fragen (+ acc.) : demander, interroger
Freizeit *f.* : temps libre
fressen : manger (animaux)
freuen (sich –) : se réjouir, être content
Frühling *m.* : printemps
Frühstück *n.* : petit déjeuner
fürchterlich : terrible, effroyable

G

ganz : entier, tout
Garten *m. (¨)* : jardin
Geburtstag *m. (-e)* : anniversaire
Geburtstagstorte *f. (-n)* : gâteau d'anniversaire
gegen : contre
gehören : appartenir
Gemüse *n.* : légume(s)
gern : volontiers, avec plaisir
Geschäft *n. (-e)* : magasin, affaire
Geschenk *n. (-e)* : cadeau
Gewürz *n. (-e)* : épice
glauben : croire
gleich : égal ; tout de suite
Glückwunsch *m. (¨-e)* : vœu de bonheur
Gold *n.* : or
Gras *n. (¨-er)* : herbe
Grenze *f. (-n)* : frontière
grün : vert
gut : bon, bien

H-J

Hafen *m. (¨)* : port
halten : s'arrêter (véhicule)
Hängematte *f. (-n)* : hamac
heißen : s'appeler
helfen (+ dat.) : aider
Herbst *m.* : automne
Herz *n. (-en)* : cœur
herzlich : cordial
hinter : derrière
hinunter/gehen : descendre
hoffen : espérer
holen : aller, venir chercher
Holz *n. (¨-er)* : bois
hören : entendre, écouter
Hunger *m.* : faim
Insel *f. (-n)* : île
Jacke *f. (-n)* : veste
jed/e (-r, -s) : chaque, chacun(e)
jemand : quelqu'un

K

Kamm *m. (¨-e)* : peigne
Kapitän *m. (-e)* : capitaine
Käse *m.* : fromage
kaufen : acheter
kennen/lernen : faire la connaissance de
Kessel *m. (–)* : chaudron
Kino *n. (-s)* : cinéma
Kirche *f. (-n)* : église
klar : clair, évident, évidemment
klingeln : sonner
Koch *m. (¨-e)* : cuisinier
Koffer *m. (–)* : valise
Kompass *m.* : boussole
Konzertsaal *m. (-säle)* : salle de concert
Krabbe *f. (-n)* : crevette
Krabbenfang *m.* : pêche aux crevettes
Krebs *m. (-e)* : crabe
Küche *f. (-n)* : cuisine
Kutter *m. (–)* : chalutier

L

Lachmöwe *f. (-n)* : mouette rieuse
Landwirtschaft *f.* : agriculture
lang : long
lange : longtemps
langweilen (sich –) : s'ennuyer
laufen : courir

Verbes irréguliers : voir page 52 / entre parenthèses, le pluriel des noms

Leder *m.* : cuir
leer : vide
leider : malheureusement
letzt/e (-r, -s) : dernier, dernière
liefern : fournir
liegen : être (couché, situé)
links : à gauche
los : allez ! allons(-y) !

M-N

machen : faire
man : on
Mantel *m. (¨)* : manteau
Marktplatz *m. (¨-e)* : place du marché
Matrose *m. (-n)* : matelot
mehr : plus
mit/bringen : amener, apporter
mit/kommen : accompagner, aller avec quelqu'un
mitten : au milieu de
Mitternacht *f.* : minuit
mögen : bien aimer
möglich : possible
Muschel *f. (-n)* : moule, coquillage
Mütze *f. (-n)* : casquette
Nachmittag *m. (-e)* : après-midi
nächst/e (-r, -s) : le/la plus proche
Nähe (in der –) : près de
neben : à côté de
Netz *n. (-e)* : filet
Niederlande *pl.* : Pays-Bas
niemand : personne
noch : encore
Nudeln *pl.* : pâtes

O-P

oben : en haut
Obst *n.* : fruits
ohne : sans
Ohrring *m. (-e)* : boucle d'oreille
Päckchen *n. (–)* : petit paquet
Park *m. (-s)* : parc
Pelz *m. (-e)* : fourrure
Pistazie *f. (-n)* : pistache
Platz *m. (¨-e)* : place
plötzlich : soudain
putzen : nettoyer, laver

R

Rad fahren : faire du vélo
Rat *m.* : conseil
raten : conseiller ; deviner
Rathaus *n. (¨-er)* : hôtel de ville, mairie
rechts : à droite
Regen *m.* : pluie
Reise *f. (-n)* : voyage
reiten : monter à cheval
retten : sauver
richtig : juste, correct
riesig : énorme, gigantesque
rot : rouge
Rückfahrt *f.* : retour

S

Sache *f. (-n)* : chose, affaire
saftig : juteux
Salz *n.* : sel
salzig : salé
Sand *m.* : sable
Sandbank *f. (¨-e)* : banc de sable
Schaf *n. (-e)* : mouton
schenken : offrir (cadeau)
Scheune *f. (-n)* : grange
Schiff *n. (-e)* : bateau
Schinken *m.* : jambon
schlecht : mauvais, mal
schließen : fermer
Schloss *n. (¨-sser)* : château
Schlüssel *m. (–)* : clé
schmecken : avoir bon goût (plat, boisson)
Schmuck *m.* : bijou(x)
Schreibtisch *m. (-e)* : bureau (meuble)
Schuh *m. (-e)* : chaussure
schwer : lourd ; difficile
Schwester *f. (-n)* : sœur
Seehund *m. (-e)* : phoque
Seesack *m. (¨-e)* : sac de marin
segeln : faire de la voile
Segelregatta *f. (-regatten)* : régate de voiliers
Seide *f.* : soie
sicher : sûr, sûrement
Silber *n.* : argent (métal)
sofort : tout de suite
Sonnenbrille *f. (-n)* : lunettes de soleil
Souvenirladen *m. (–)* : magasin de souvenirs
spät : tard
spazieren gehen : se promener
Stadtbesichtigung *f. (-en)* : visite de la ville
statt/finden : avoir lieu
stellen : mettre, poser
steuern : diriger, piloter
still : calme, silencieux
Stimme *f. (-n)* : voix
Strand *m. (-e)* : plage
Stunde *f. (-n)* : heure (durée)
Sturm *m. (¨-e)* : tempête
suchen : chercher
Surfbrett *n. (-er)* : planche à voile
surfen : faire de la planche

T

Taucherbrille *f. (-n)* : lunettes de plongée
Telefonzelle *f. (-n)* : cabine de téléphone
Tier *n. (-e)* : animal
Tischtennis *n.* : ping-pong
Tischtennisschläger *m. (–)* : raquette de ping-pong
Tor *n. (-e)* : porte (ville)
tragen : porter
traurig : triste
Tür *f. (-en)* : porte

U-V

über : au-dessus de
überall : partout
Uhr *inv.* : heure
Uhr *f. (-en)* : montre, horloge
umsteigen : changer (de train)
undankbar : ingrat
unten : en bas
unter/gehen : couler (bateau)
verbringen : passer (des vacances)
verlassen : quitter
verlieben (sich –) : tomber amoureux
verlieren : perdre
Viertel *n. (–)* : quart

W

Waffe *f. (-n)* : arme
wahrscheinlich : vraisemblable(ment)
warm : chaud
weich : doux, tendre
Weihnachtsmarkt *m. (¨-e)* : marché de Noël
weiß : blanc
weit : large ; éloigné
Weizen *m.* : blé
weltbekannt : mondialement connu
willkommen : bienvenu(e)
Windrad *n. (¨-er)* : éolienne
wirklich : vraiment
wohnen : habiter
Wolle *f.* : laine
Wort *n. (¨-er)* : mot
Wurst *f. (¨-e)* : saucisson, saucisse
Würstchen *n. (–)* : petite saucisse

Z

Zahl *f. (-en)* : nombre
Zeichenblock *m. (¨-e)* : bloc à dessin
zeigen : montrer
Zug *m. (¨-e)* : train
zu/machen : fermer
zurück/kommen : revenir
zwischen : entre

Achevé d'imprimer en Italie par STIGE - Dépôt légal : Avril 2013 - Collection n° 84 - Édition 04 - 16/9615/2